目录

王辰院士会诊后，我和 98 岁母亲一起走出雷神山医院
　　讲述人：丁细梅 /001

从绝望到希望，转机就在一个晚上
　　讲述人：王琦 /005

滚蛋吧新冠病毒，我成功走出了火神山医院！
　　讲述人：陈峰 /011

感恩刘医生，虽然不知你的名字和长相
　　讲述人：陈琦 /016

救我一命的张教授，我想当面说声谢谢
　　讲述人：邵胜强 /021

医生、病人、试药者……我用 6 种身份战病毒
　　讲述人：黄朝林 /027

绝不倒下，我成了隔着门板喊话的大嗓门
　　讲述人：王菁 /033

这是我的战场，我须拼尽全力
　　讲述人：李承红 /038

我是一名中医，感染后，对病毒狠狠还手
　　讲述人：李冬 /043

即使受伤了，我也能用自己的热血救人
　　讲述人：黄飞 /048

平安熬过危险期，再保他人平安
　　讲述人：蔡桃英 /054

一家五口三人中招，我写了遗嘱
　　讲述人：蔡娟 /060

至暗 40 天，我们全家人扛过来了
　　讲述人：夏宇虹 /066

22 天 3 万余字日记见证我在方舱医院"重生"
　　讲述人：王金龙 /071

女汉子战疫 26 天，在病房起舞"不放弃"
　　讲述人：黄继惠 /078

两次与死神擦肩，我对人生再无抱怨
　　讲述人：晏运泉 /083

丈夫去世后，11 岁女儿在方舱医院照顾我
　　讲述人：兰君 /089

拒绝媒体的"读书哥"，站出来帮我照顾儿子
　　讲述人：李甜 /094

你们是借来的，要一个不少地还回去
　　讲述人：万春晖 /098

灾难再大，大家搭把手，就都过去了
　　讲述人：张兵 /105

我要跨过长江，去看除夕出生的儿子
　　讲述人：姚莉莉（化名）/110

老婆，等你出院我们去看樱花
　　讲述人：朱攀 /116

陌上花开，可缓缓归矣
　　讲述人：武燕 /121

想看看"90 后"男护士的真颜，带他去吃一碗热干面
　　讲述人：匡汉珍 /127

编后记 /131

生死之交

2020新冠肺炎治愈者口述实录

长报君 著

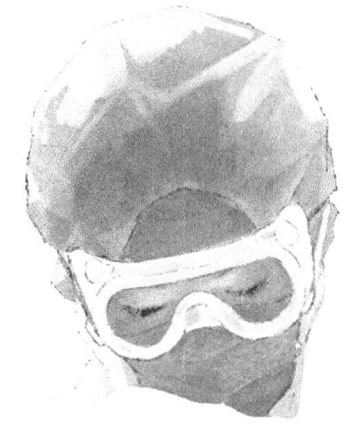

新世界出版社
NEW WORLD PRESS

图书在版编目（CIP）数据

生死之交：2020新冠肺炎治愈者口述实录 / 长报君著 . -- 北京：新世界出版社，2021.1
　　ISBN 978-7-5104-7055-4

Ⅰ．①生… Ⅱ．①长… Ⅲ．①纪实文学—作品集—中国—当代 Ⅳ．① I25

中国版本图书馆 CIP 数据核字 (2020) 第 265405 号

生死之交：2020新冠肺炎治愈者口述实录

作　　者：长报君 著
责任编辑：李梦娟
责任校对：宣　慧
责任印制：王宝根　苏爱玲
出版发行：新世界出版社
社　　址：北京西城区百万庄大街 24 号(100037）
发 行 部：（010）6899 5968　（010）6899 8705（传真）
总 编 室：（010）6899 5424　（010）6832 6679（传真）
http://www.nwp.cn
http://www.nwp.com.cn
版 权 部：+8610 6899 6306
版权部电子信箱：nwpcd@sina.com
印　　刷：北京虎彩文化传播有限公司
经　　销：新华书店
开　　本：710mm×1000mm　1/16
字　　数：120 千字　　印　　张：8.75
版　　次：2021 年 1 月第 1 版　2021 年 1 月第 1 次印刷
书　　号：ISBN 978-7-5104-7055-4
定　　价：45.00 元

版权所有，侵权必究
凡购本社图书，如有缺页、倒页、脱页等印装错误，可随时退换。
客服电话：（010）6899 8638

王辰院士会诊后，
我和 98 岁母亲一起走出雷神山医院

/

讲述人：丁细梅

/

被救护车转入传说中的雷神山医院，女儿的眼泪快哭干了，做了最坏的打算。在经历奇迹般的 18 天后，母女俩同时出院，一度高烧 40℃、病情危重的母亲，也成为当时全国最高龄的危重症康复患者。

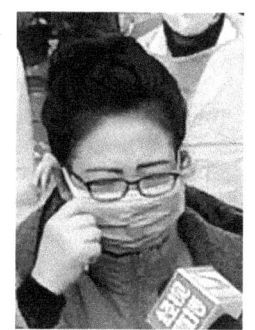

2020 年 3 月 1 日，我和 98 岁的母亲同时从武汉雷神山医院康复出院，她是当时最高龄的危重症康复患者。

2 月初，母亲高烧，我陪她到医院检查，我俩一起被确诊感染新冠肺炎。2 月 13 日晚，我们被救护车同时转送到武汉雷神山医院。

母亲高烧达 40℃，加之患有高血压等基础病，还出现心肺功能障碍，被确诊为危重型新冠肺炎，救治难度很大。在此之前已被金银潭医院收治的丈夫，也病情严重。接到记者采访的电话，我忍不住痛哭失声。

18 天后，奇迹发生了，我们一家三口全部康复出院。

母亲持续高烧 40℃，一家三口都进了医院

我今年 54 岁，家里有兄弟姐妹 7 个，我是最小的。我有个哥哥 40 岁的时候意外去世，后来我父亲也走了，这对我母亲的打击很大。之后，我想好好照顾她，所以母亲一直跟我一起住，有 30 多年了。

我是做服装生意的，年前我在黄陂一家酒店做服装展销活动，人很多。当时，酒店没有空调，晚上睡觉很冷，酒店的老板娘都咳嗽了。

回家后，我就出现咳嗽、头晕等症状，感觉像感冒了。之后，我用大蒜、梨子炖水喝，还去了一家私人诊所输液，但都没有什么好转。

2 月 9 日，我发现母亲眼睛睁不开、四肢不能动弹，拿体温计测了一下，40℃，我吓蒙了，急得直哭。

之前，我丈夫已确诊转入金银潭医院，对我的打击很大，这下我妈也病了，我感觉天都要塌下来了。我在家里给母亲做了稀饭、面条等流食，逼着她吃，希望她吃了东西会好起来。

可是烧了 3 天，母亲依然没有好转。12 日，我给我儿子打电话，要他过来送我们去医院检查。

当医生看了检查结果后，告诉我们说是得了新冠肺炎。那时，母亲已经呼吸困难，完全不能动了。

13 日晚上 9 时，社区把我们送到武汉雷神山医院。到医院后，接待我们的是援汉医护人员——大连医科大学附属二院隋韶光主任和秦维护士长。

看到他们，我就像看到救星一样，我也不知道说什么，只是不停地哭。

隋韶光主任看了我们的检查结果说："是感染了，我们是有经验的，会努力把你和你妈妈医治好的。"

等病好了，我一定要去大连看看

刚开始，我母亲在医院什么都不吃，秦维护士长就把她自己喝的牛奶拿给我母亲。我就喂给母亲，把牛奶当水喝。

隋韶光主任经常查房来看我母亲，也总是说会尽力医治母亲的，让我心里有了底气。期间，医护人员给母亲进行抗感染、抗病毒等药物治疗，还采取了补液等营养支持措施。

住院期间，母亲还出现一次轻微脑梗，幸好有医护人员日夜密切监护，及时发现和治疗后，没有留下后遗症。

身边有些二十几岁的年轻护士们，隔着防护服，我也看不清他们的脸，只看到防护服上面写的名字——王玥、李佳、陈斯、郭佳，等等，他们也总是把自己吃的苹果、橘子拿给我母亲吃，让她多吃点以增强营养。

这些孩子们，在家里也应该是爸爸妈妈的宝贝，没想到在医院这么善良和勇敢，这也让我很受触动。我跟他们说："等病好了，我一定要去大连看看。"

王辰院士视频会诊，我们大受鼓舞

2月17日上午，母亲的体温恢复正常，慢慢地，吃得也多了一些。母亲有了好转，我的身体也越来越好了。

高龄患者长期卧床容易出现下肢静脉血栓，我也时不时给母亲做做按摩，不但避免了下肢静脉血栓，连褥疮也没有出现。

在天气好时，护士们会把母亲推到医院走道，晒晒太阳，这时她的心情就特别好。心情好了，恢复得也就快。

2月23日，中国工程院王辰院士通过视频，对我母亲进行了会诊，这让我们大受鼓舞。我跟母亲说："你看，有这么好的医护人员在给我们医治，肯定会好起来的。"

住院期间，母亲非常坚强，即便高烧，她也惦记着我儿子和我才两岁的孙女，希望能早点跟他们团聚，这也是她努力康复的精神动力。

以前，我们一家人身体都很好，母亲也很少住院，对医护人员的工作了解并不多，这次他们尽心尽力像亲人一样帮助我们，尤其在我心灰意冷的时候，他们细心照顾并鼓励我，给我信心，这些让我十分感动、感恩。

出院后，我们在社区安排下到指定地方隔离14天。等武汉疫情结束后，我想带我们一家人做点公益，为社会、为其他人做点力所能及的事情。

从绝望到希望，转机就在一个晚上

/

讲述人：王琦

/

49岁生日那天，他在火神山医院等待一生中最重的一份生日礼物——治愈出院，"疫神听我言，此地多善民，愿君过路客，火雷来送行"，他在朋友圈中喜极而泣，赋诗庆生。

我是火神山医院首批出院的新冠肺炎患者之一，从1月18日发现不舒服，到1月27日核酸检测阳性确诊，2月13日下午治疗出院，这27天我经历了人生中最大的一次考验，从始至终，我在心底都不相信会被病毒打垮。

回顾这次治疗过程，我内心充满感恩，感谢祖国和所有医护人员，如果不是强大的祖国，所有这些都无从说起，感谢所有的医护人员，他们在用生命作斗争，要相信他们。患者自己有战胜病魔的信念也很重要。

发病：从检查正常到双肺感染只用了5天

我今年49岁，是武汉供电段一名变电值班员，平常爱踢足球、爱锻炼，身体还不错。1月17日我像往常一样下班，中途去了一趟武商量贩买了点年货，然后回家。我工作的地方在吴家山，家住在后湖二路，每次都是开车走二环线上下班。

1月18日，我突然感觉不对劲，两腿酸麻和干咳，像感冒的症状，就吃了点消炎药和感冒药，包括感康和阿莫西林。19日没有见好，老婆建议我查个血常规、拍个胸片，于是我上午去社区服务中心做了检查，显示一切正常，医生让我回去吃点药算了，估计是感冒。

我和老婆高兴地回家了，考虑到两天后要去单位参加一个学习，为了尽快好，我提出去家附近的后湖生态花园社区诊所打吊针，19日下午打完针回家后，晚上睡觉冒了很多汗。感觉就像以前治感冒一样，当时以为要好了，结果第二天起来后还是低烧37℃多，人不太舒服，于是又去诊所打了一针。

一直到1月21日仍在低烧，这时我感觉很不对劲，再次拍胸片查血，果然都有改变，医生说："左肺有了感染，血常规数据也不对了。"我又连打了两天吊针。

1月23日，我的症状还未好转，社区医生建议去医院做CT排查。我立即去了解放军空降兵军医院做CT，这个时候已变成"双肺感染"。这个病发展得非常快。医生说可以断定是病毒性肺炎，给我开了针，并建议找定点发热医院复查住院。我当时精神还很好，于是自己又开车去了汉口医院检查，并开始等床位住院。当晚也没有住在家里，找了家酒店自我隔离。

在空降兵军医院打了一天吊针后，1月24日除夕下午我接到通知汉口医院有床位了，等赶到汉口医院呼吸科后，仍在科室走廊等了几个小时，才最后住进去。当时人已经很不舒服了。

确诊：内心很复杂，但不相信会被病毒打倒

住进去后为我治病的是胡主任，她人很好很热情。从住院开始，我

除了吃饭以外，都戴着一次性使用氧气湿化瓶吸氧，帮助肺部复原。当时汉口医院呼吸科把有发热咳嗽症状的病人都收在一起了，还没分确诊和未确诊。我仍是咳嗽和高烧，医生为我消炎、退烧、采样给疾控中心做核酸检测。

1月27日我永远记得，胡主任跑过来和我说："你被确诊了，是新型冠状病毒肺炎，要从呼吸科3楼移到门诊楼4楼，那里都是确诊的人。"

听到这个消息，我心里"咯噔"了一下，心情很复杂，不仅是害怕病毒，更多的是担心家人，家里还有老小，不想自己出事。不过我又反过来安慰家人，确诊是好事，医生能够更加明确用药方向。

当晚在转病房的过程中，我插着氧气袋，人很虚弱，和我一起过去的还有同一个病房的确诊病友小周，他30多岁还帮我拿东西。在转楼的路上，要经过一个走廊，我听到两个护士说"这两个人还能自己走过去，真不错"，这句话让我记忆深刻。当时看到走廊里、过道里都是病人，很多人还没有床位，救护车从身边驶过，月光洒在走道上，心里感觉很凄凉。

虽然有恐惧，但我还是很乐观，不相信自己会被病毒打倒，最难的时候都没有放弃这个信念，我和病友小周一直互相鼓励。我转去确诊病房后，听到之前治疗我的胡主任也被感染了，在发高烧，当时特别难受。我自己也是发烧不退，总是干咳得晚上睡不着。

也有好消息，全国各地的医疗队都在支援武汉，汉口医院也及时得到了海军医科大学医院的支援，王医生又继续治疗我。我和医生说我相信党和政府，王医生笑着答："这位同志觉悟很高嘛，不说大的，你一定要相信医护人员，相信汉口医院，相信我们的力量。"

转机：熬过最难受的晚上，突然就看到了光明

从1月27日开始，我的症状在不断加重，到了29日最严重。我都感觉自己快要不行了，呼吸困难、高烧、严重干咳。

但令我惊喜的是，熬到了1月30日早上，突然所有症状几乎都没有了，不发烧了，也不像之前那么咳嗽了，就像换了一个人，胃口大好，送来的饭也吃得干干净净。

病友都很惊讶地说："你肯定好了。"我觉得这种感觉就像两个在打架的人，突然有一个人缴械停手走了，我觉得自己熬过去了。这个病毒在我发病12天左右达到峰值，感觉如果扛不过去就完了。

1月30日和31日，我还是继续在打吊针，但用药量在变少。从2月1日开始，医生说我可以不用再打吊针了，每天吃一些口服药，我也感觉一天比一天好。

这个过程中，我觉得医生的治疗还是很有效的，之前胡主任给我开了5天的克立芝，后来王医生每天9点后给我打吊针，有头孢、沙星等药，中午让我睡觉休息。我一直记着胡主任说的话，无论如何，都要吃东西，吃不了也要吃，把牛奶当水喝，多吃水果。我就把医生的话当圣旨，在最困难的时候最不想吃东西的时候，也坚持着喝牛奶、吃鸡蛋和水果，保持体力和抵抗力，和病毒作斗争。我觉得信念很重要。

出院：最好的生日礼物到来，最早离开火神山医院

就这样到了2月3日晚上，我接到通知，4日要被转到建好的火神山医院，我成了第一批到火神山医院的病人之一。

火神山医院设备和生活都挺好的，我的主治医生换成了史医生。在火神山医院期间，我都是观察治疗，吃口服药，包括莫西沙星、连花清瘟胶囊、止咳糖浆等，后来又做了复查，两次核酸检测均为阴性，自己状态一直都很好。

2月11日，史医生向我发微信："有个好消息，你应该可以出院了。"听到这个消息，我非常激动，因为2月12日正好是我的生日，

病友们都说这个出院的消息就是最好的生日礼物了,我也这么觉得。12日那天我还特意发了一条朋友圈:"荆楚遇魔难,白衣皆逆迎。华夏真勇士,南山慈悲心。疫神听我言,此地多善民,愿君过路客,火雷来送行。"

到了2月13日,中午吃完饭后,医生让我洗个澡,并告诉我说大概下午4点钟就可以出院了。走之前,我还在做病友的思想工作,鼓励他们和我一样。首批出院的病人一共7人,还有女兵为我们送上了花,各种摄像机对着我们,内心真的是感谢祖国,感谢白衣天使们不远千里来帮助我们。

回家后我还要再经过14天的隔离和复查。虽然到现在我也没想清楚为什么会得病,不过这已经不重要了。

感悟:要有战胜病毒的信心,相信医生和祖国

这次治疗的经历,我自己总结了三点感悟。

首先,心态好非常重要。好多病友住院后心态不好,想东想西自己吓自己,有的交代后事,有的病急乱投医,听到外面有什么方法治,就自己试,不听医生的。我全部听医生的,医生也说我心态好,还让我多劝一些心态失衡的病友。我平常喜欢运动,性格也开朗幽默,一直不相信会被病魔击倒,总是安慰家人。自己能战胜病魔最主要的一个原因在于心态好,要有一种能战胜病毒的信心。

其次,要积极配合医生的治疗。医生根据每个人的症状制订不同的治疗方案,患者一定要相信医生,减少自己的心理压力。我个人的情况是,第12天左右症状最严重,这也是最重要的阶段,这个时候如果能扛过去,渡过难关的概率就会变大。

最后,打心里说,我感谢强大的祖国。如果不是强大的祖国调集各方力量支援,所有这些都无从说起。还要感谢所有的医护人员,他们在

用生命作斗争，我心里充满感恩。这些都不是喊口号，经历过这一切而被治愈，我是发自内心地感恩，以后想继续做好工作报效社会，也想帮助更多的人。

滚蛋吧新冠病毒，我成功走出了火神山医院！

/

讲述人：陈峰

/

这是 48 岁汉子陈峰人生中的至暗时刻，母亲病倒，他被确诊为新冠肺炎患者，紧接着是爸爸、姐姐和从广州回来过年的妹夫，都没有逃脱。就在他最恐惧和无能为力的时候，有人来了，硬生生帮他扛起了整个冬天的寒，并转手送给他一个春天的暖。

2020 年 2 月是我人生的至暗时刻，全家五口人病倒，我度过了有生之年最寒冷的一个冬天；但众人的大爱为我们全家撑起了一片天，让我们有机会迎接温暖的春天。

全家五口倒下！有生之年最寒冷的冬天

2020 年 2 月 5 日，我永远无法忘记的日子。这一天，核酸检测结果出来了：阳性！

在此之前，我和每一个普通的武汉人一样，过着充满小确幸的日子。我在湖北省移动网优中心上班，在年过七旬的父母面前我常常觉得自己还能做个孩子，而且和姐妹相处和睦，我们有一个温馨的大家庭。

鼠年春节前，有耳石症的母亲摔了一下，起居不便。我便带着她跨江住到了东湖风景区龚家岭社区的另一个房子里，那是亲戚的，里面有一张护理床，很利于母亲康复。

而父亲则在汉口三阳路和我的姐姐在一起。妹妹、妹夫一家也从广东回来了。大家等着母亲的身体好一点，就一块儿过一个热热闹闹的年，如同往年的春节一样。

然而就在那几天，去医院看过几次病的母亲被查出肺部感染了。我自己也有些心慌，呼吸有点不畅，不禁有一种不祥的预感。此时，武汉开始封闭离城通道，进入全民防控疫情模式。

随后，我被查出阳性，而母亲的核酸检测结果是阴性，医生说她大概率是普通肺炎。

2月8日，我被送往皇庭商务宾馆，那是一处隔离点。我仍是心慌和呼吸不顺，但并没有发烧，每天配合上门的社区服务站医生做好检测，按时吃药。隔离的宾馆尽可能提供了周到的服务，每天三顿饭有人送，每人一间房。我曾经为妈妈担心，既然现在她没有感染新冠病毒，我心里就安了。

然而坏消息依然在追赶我：父亲和姐姐也相继出现了症状，紧接着是妹夫。父亲那段时间只去过菜市场。也就是说，全家病倒了5人，其中4个都可能是新冠肺炎！只有妹妹仍然冒着巨大风险跑来跑去照顾着一家人。

我觉得天都快塌了，不明白不久前还在盘算着怎么开心过年的一家人，怎么一下子都病倒了。有时候，我真希望这是一场梦，醒来后发现一切如常。然而，现实不是梦，我只能选择面对。

幸运的是，就在我的父亲和姐姐因没有床位而无法住进定点医院时，我所在的湖北移动网优中心的同事们伸出了援手，想方设法让父亲和姐姐住进了同济医院中法生态城院区。那时，78岁的老父亲已是危重状态了。

我无法看清你们的面容，但记得那悄悄多放的两个苹果

2月10日，我作为第一批病人被武汉火神山医院收治。说实话，我内心是有些忐忑的，毕竟不知道等待自己的是什么命运。后来我了解到：火神山医院是参照2003年抗击"非典"期间北京小汤山医院模式，在武汉职工疗养院建成的一座专门医院，集中收治新型冠状病毒肺炎患者。医院总建筑面积3.39万平方米，编设床位1000张，开设重症监护病区、重症病区、普通病区，设置感染控制、检验、特诊、放射诊断等辅助科室，不设门诊。这家特殊的医院2月2日上午正式交付，从方案设计到建成交付仅用10天，被誉为"中国速度"。知道了这些后，我心里有了安全感。

每个病人一进医院都进行了登记。我被抽血检查各项身体指标，还做了CT和两次核酸检测。一般两人一个房间，房间是集装箱式的，有卫生间。我所在的病区左右相对各分布10个房间，走道两边还摆放着医疗设备。房间有加床，住了3个人，除了我，还有分别为64岁和74岁的两位爹爹。床铺很干净，入院时每张床上已经放好一个脸盆，里面拖鞋、毛巾、牙膏、牙刷等一应俱全。

管床医生是张诚教授。我忘不了第一天见到他的情景：教授穿着防护服，由于之前一刻不停地检查病人，汗水正顺着戴了防护面罩的脸往下淌。因为我的症状不重，教授每两天来查看一次，调整治疗方案。但他每天都会和我打电话询问情况，经常鼓励我。

打交道最多的要数护士了。她们每两小时测体温和血氧饱和度一次，整个病区测完是一项繁重的劳动。病人刚进来时任务重，我发现她

们几乎忙了一个通宵，这让我又感动又心疼。

火神山医院的伙食很不错，每顿都有肉、蛋、酸奶、牛奶、青菜，有时还有牛排。此外苹果、橙子等水果也不断。因为同房的两个爹爹上了年纪，护士在送饭和水果时，常常悄悄地给我们多放两个苹果，说因为担心老人家饿。这让我心里暖洋洋的：在这里，我们不光是被当作病人，更被当作了亲人。

医护太辛苦，我想帮忙减轻他们的负担

看到医生和护士们为我们这么辛苦，我心里有些过意不去。我觉得自己该做些什么好减轻他们的负担。

同房的两个爹爹症状重一些，发烧、腹泻。我总是鼓励他们一定要多吃点，哪怕没有胃口，因为吃了才有力气，必须增强抵抗力。

人在生病且远离亲人的时候容易觉得孤单，我经常和两位爹爹聊天，开导一下他们，所以大家结下了深厚的友谊。到我离开火神山医院时，爹爹们的病情也好转稳定了，他们一起欢送我。大家相约，等疫情过去，3条好汉要好好聚起喝个酒！

被部队医疗团队接管的火神山医院在外界眼里多少还有些神秘，而在我眼里，这里仿佛是让我获得重生的另一个家。医护人员用专业而有温度的治疗让我感到冬天的寒意被驱走，仿佛走进了久违的春天。

入院五六天后，我的病情就比较稳定了。2月21日，经检测，我的各项身体指标达到出院标准。这一天，我终于可以走出火神山医院了。我觉得自己像一个战士，终究是战胜了病毒。而这份胜利，更归功于医护人员们。我心里既喜悦，又有不舍。11天里，我们既像战友一样并肩作战，又像家人一样朝夕相处。

人生山水有相逢，这一段被治愈、被温暖的日子，我终生难忘。

康复后我要捐献血浆给需要的病人

我出院了，我的父亲和姐姐还在同济医院中法生态城院区，姐姐也快出院了。母亲则在梨园医院继续治疗自己的慢性病。妹夫也在康复中。

一切正朝着好的方向发展。

可以说，在这次疫情中，我的家庭虽然遇到了不幸，但也是幸运的，感受到关怀的不仅是我，还有我的家人。

最危急的时候，我公司的领导从各方面援助我的父亲，否则老人家有可能挺不到现在，姐姐也得不到及时的治疗。而在梨园医院的母亲还得到了社区雷主任无微不至的关怀。另外，接我出火神山医院的也是一名志愿者。

可以说，是众人的大爱为我们全家撑起了一片天。这来自四面八方的援助，让我感到那么沉甸甸的，我已经决定等隔离期满后，只要身体条件允许，就捐献自己的血浆，为更需要救助的人尽一份力。

我平时不多言不多语的，可这次走出火神山医院后，我对朋友们讲了许多心里话，我说部队最可爱的一群人深深感动了我，自己的心灵得到了彻底净化，想早日向党组织靠拢！大家祝我早日达成所愿。

感恩刘医生,虽然不知你的名字和长相

/
讲述人:陈琦
/

56岁的退休市民陈琦,接受采访的初衷是想感谢医生,她说在最无助的时候,一位刘医生给了她安慰,给了她战胜病毒的信心和决心。其实刘医生就是这次疫情中十几万医护人员的缩影,他们不顾个人安危,为病人忙前忙后,希望大家都能熬过去。

这次住院,我特别感谢一位医生。他穿着厚厚的防护服,我不知道他长什么样子,好几次问他的名字,他都不说,只说"这些都是我们分内的事,没有什么好感谢的"。我听见别人叫他刘飞雄(音),说话是蔡甸口音。

疫情发生时我小心防护,可老人不听劝

我平时身体比较弱,当一开始听说有不明原因肺炎时,我就很紧

张,很注意防护,戴口罩、手套出门,而且还每天量体温。我打电话跟爸妈说要做好防护,但是很遗憾,老人根本不听劝,还是我行我素。

就快过年了,我回到父母家跟他们团聚。我记得很清楚,那天是1月22日,我照例在量体温。爸爸走过来问我:"你还有没有多的体温计,也给我量一量。"因为之前劝他戴口罩他不听,我每天量体温他还说我太紧张,所以这次他主动要求测体温我还调侃他:"怎么?你也紧张起来了?"爸爸没有接话。

我觉得情况不妙,果然,一量体温38.5℃。"我还说,怎么前两天他连电视都不看就去睡觉了。"妈妈这才回想起爸爸前两天就有些异常了。我赶紧带着爸爸去医院,当时是晚上八九点,我们先去的四医院古田院区,医院当时在改建无法看病。后来我们就去了中山医院,天啊!人山人海!爸爸年纪大了,不可能长时间排队。于是我们舍近求远,直接去了蔡甸的同济分院,但很遗憾当时同济分院还不是定点医院,不能收治,医生建议我们去五医院。考虑到当时时候不早了,爸爸又发烧,我们直接回家了,打算第二天一大早再去。

很不幸我们全家中招

1月23日一大早,我跟老公就带着爸爸去看病。前一天已经感受到医院的人潮,这一天我加强了防护,戴口罩、手套,头上还戴着浴帽,那个时候也顾不上形象了。到医院后查血、照CT,CT显示双肺感染,当天开了入院证,但没有床位,需要等。

考虑到爸爸需要隔离,当天我们全家从硚口搬到了蔡甸,在那里的一个小区我家有三套房子,方便隔离。爸爸等床位不能住院,我就和老公每天开车去同济医院给爸爸开药。考虑到是传染病,26日去开药的时候我带上了妈妈,我们三人一起做了个检查。结果妈妈和老公都有问题,我暂时是没有问题的,其实23日爸爸做检查时,我要老公也做了个检查，当时是正常的，没想到3天以后就有问题了。虽然这次我的检查正常，但我也不敢掉以轻心。全家就剩我一个健康的人，我不能倒下。

1月27日，我开始到处打电话求助，希望爸爸能尽快有床住院。社区、市长热线、120，只要能想到的办法都想了，社区卫生院的刘又红医生还专门陪着我们跑了两天，终于，28日爸爸住进了湖北省人民医院。

还顾不上松口气，老公又开始发烧了，所有的程序我又再走了一遍，老公也自己开着车子到处找医院，终于2月3日老公住进了蔡甸协和医院。

家里剩下我跟妈妈，那几个晚上我整晚整晚不敢睡觉，生怕妈妈有个三长两短，晚上怕自己睡着了，就在喜马拉雅上听书，让自己保持警觉。一天晚上，妈妈睡梦中突然哼哼，我跑过去看，发现她嘴唇都紫了，我赶紧给她吃治疗心脏病的药，这才缓过来。我想，如果当天我睡着了，妈妈可能就不在了，那天她已经发烧到39.5℃了。

社区也在给我们想办法，我自己也在到处求助。2月5日的时候，我自己也开始发烧了。好在7日的时候，我和妈妈都被安排入院，我是轻症，被安排到蔡甸区血防医院，妈妈被送到了中医院，一送进去就抢救，还是妈妈自己签的字。

刘医生休假时帮我们买来生活用品

2月7日晚上11点，我住进了蔡甸区血防医院。发病、看病、隔离，这一切都很仓促，我什么生活用品都没来得及准备。

正在一筹莫展的时候，刘医生过来查房了，他先是逐一询问了大家的病情，看我们是刚住进来的，他主动问我们有没有什么不方便的地方，大家试探性地说需要些生活用品，不知道能否帮忙购买，没想到刘医生一口答应了下来。他还专门拿来个本子，一一记下大家需要的用品。

2月8日，一个穿着防护服的医生来查房，我上前询问东西买了吗，还闹了个乌龙。他不是刘医生，因为医生都穿着防护服，我能看到的只有眼睛。当时我还很失望，以为被忽悠了。没有想到，11日上午，刘医生真帮我和其他病友采购了盆子、毛巾、卫生纸、牙膏等生活用品，送到了病房。他大包小包地拎着，至少有十几二十个人的生活用品，每个人需要的东西他都没有落下，而且价格还便宜。

后来我才得知，他给我们登记的那天，正好是他轮休的最后一个班，接下来两天他休假，这难得的假期他却跑去给大家买生活用品，我和病友打心眼里感激他。

有他在，我就很安心

虽然我们这些被送到血防医院的大多属于轻症，但感染了病毒大家心里多少有些恐慌。刘医生每次查房都乐意跟我们聊上几句，有时候大家的担心多了，他会说："你们要相信医生，相信政府，对自己要有信心！"别看就这短短一句话，我们却觉得很安心。

虽然我的症状很轻，但因为长期有些基础病，我害怕这个病毒会引起并发症，所以对自己的病还是有些焦虑的。刚住医院的时候我有些拉肚子，但医生们来查房询问了基本情况后也没有开什么针对性的药，我还主动问医生能否开点治疗拉肚子的药，医生回答有的人是有拉肚子的症状，如果不是很严重不用特别开药。现在回想起来，医生也是有他的考虑的，毕竟药能不吃就不吃。但当时的我很不淡定，有种被抛弃的感觉。

碰到刘医生查房，我又说我拉肚子，希望开点药吃。刘医生没有拒绝，说："好的，我知道了，一会儿我考虑一下看给你加点什么止泻的药。"且不说他最后有没有给我开药,就他当时对我有问必答,有求必应的态度,就是给我最大的安慰,让我觉得我是被关注的。也不知道是刘医生真的给我开了药,还是我自己的心理作用,反正第二天我就真的不拉肚子了。

都说这个病毒没有特效药,很大一部分是靠自身抵抗力来战胜病魔,得到医生的安慰,有了战胜病魔的信心,在当时那种状态下真的很重要。

我们病房有个病友喉咙疼,几乎发不了声,用手比画着跟刘医生诉苦:"喉咙难受吃不了东西。"刘医生安慰病友说:"别着急,我给你想办法弄些稀饭吃,你会好受些!"

我住了很多次医院,还是头一次看到这么好的医生,对待病人像对待自己的亲人一样。

现在我出院了,老公比我先出院。爸爸和妈妈也都恢复得不错,已经出院,但还在被集中隔离,一切都在往好的方向发展。

我真的是舒了一口气,这一个多月来的感受,只有经历过的人才知道。

我住院时有个病友跟我的情况差不多,也是有家人重症需要抢救,当时她在医院接电话哭了,我劝她:"你现在不能哭,还有好多事情等着你做决定,你一哭精气神就垮了,战胜病毒需要靠自己,你要坚强!"

真的,那么难,我都没有掉一滴眼泪,不是我不无助,也不是我不害怕,而是我需要坚强!我要活着!我要有精气神战胜病魔!等我的家人都平安回来了,我要好好哭一场,发泄一下这段时间积累的坏情绪。然后好好地迎接春暖花开!

救我一命的张教授，我想当面说声谢谢

/

讲述人：邵胜强

/

31岁的"胖哥"，一入院就被医院下了病危通知书，他没有放弃，他细心地记住了身边所有为他抢救、治疗的医护人员，看到了他们的不放弃和不抛弃。作为武汉市红十字会医院第一批出院治愈者，他在朋友圈说："毕竟我们也是有着深厚革命友谊的生死之交。"出院后，他成了朋友圈的义务咨询员。

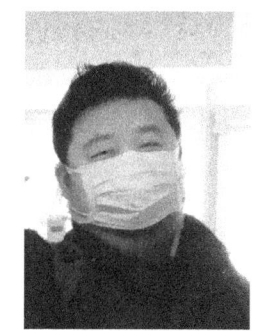

自从2月3日出院以来，我就多了一个身份——朋友圈有关新冠肺炎的义务咨询师，平均一天十几个咨询，有时凌晨还会接到朋友的问询电话。

2020年，让我真正体会到"生死"这两个字。

从武汉协和医院到武汉市红十字会医院，与新冠病毒缠斗的22天，面临死的恐惧，体验生的思索，也重新理解了医护人员的含义。

身体这部机器，我第一次感觉驾驭不了了

　　从未想过，生龙活虎，体重200多斤的我，会被一场感冒打倒。1月3日，我感觉额头比平时烫一点，我身体一向不错，主要是年轻，31岁，不喜欢吃药打针，平时感冒发烧扛扛就过去了，所以也没当回事。

　　大学毕业后我开始创业，创办了一家猎头公司。2020开年，我在武汉市青山区专门给听力障碍孩子提供就业岗位的面包店刚开业，一个月办了十几场活动，我正为此忙个不停，一天工作18个小时，也来不及管发烧的事。

　　我一个人住青山的家里，断断续续烧了7天，烧多少度我也不知道，一直也没用体温计量过。白天精神稍稍好一点，就开车去公司。这次感冒跟以前不同，没胃口，一碗热干面吃不了两口，还拉肚子。1月10日上午，摸着额头滚烫，拿体温计一量，39℃。

　　这天，我妈来了，一看情况不对，把我拉到附近的社区医院，医生查了血，开了一些感冒药，让我带回家吃。回去吃药后症状没有好转，呼吸开始困难，胸闷喘不上气。

　　1月12日下午2点，又去社区医院拍了片子，片子显示已是"白肺"，我爱人觉得病情很严重，立即和我妈、助理，3个人拖着我去协和医院。

　　到协和医院已是下午5点，发热门诊大厅挤满了人，咳嗽声此起彼伏，护士给我们发了口罩。我妈帮我去挂号，爱人扶着我跟着人群排队，只见前面黑压压的人头，却不见队头。

　　我每吸一口气，都会引起剧烈咳嗽，只能尽量控制自己，一小口一小口地往里匀气，其实去医院之前，我的情况就很差了，不能自己上厕所了，蹲下去起不来，又喘不上气，身体这部机器，我第一次感觉驾驭不了了。

不知道张劲农教授是怎么发现我的，我当时迷迷糊糊的，看见一位戴着眼镜的医生指着我对身边的护士长说："这个人不行了，必须抢救。"护士长说没有病房，他说他给院长打电话。他推来一辆轮椅，让我坐下，然后掏出电话跟院长打电话。

具体经过我不记得了，似乎过来一拨人，他们穿着防护服、推着病床，我当时就不害怕了，真的，我觉得躺在协和医院的病床上，就能活过来。

6点，我住进了协和医院病房，一住进去医生就给家属下了病危通知书，我爱人和我妈当时就哭了。就算我病成那个样子，我妈也都认为我是普通感冒，感冒发烧多大的事呢，怎么还可能死人？

除夕夜，我自己走进救护车

抢救的过程我没有太具体的记忆，只记得一位医生过来，他穿着防护服戴着口罩，只露出两只眼睛，帮我抽血。后来才知道他是心外科的医生。

他看了我妈一眼，说："阿姨，我认识您。"原来他老婆和我爱人生孩子的时候住同一个病房。"别担心，有我在。"他说了6个字，我妈听后没那么慌了。

我真幸运，是被张教授捡回来的一条命。我不认识他，他也不认识我，从门诊那次，我再也没见过张教授，后来还是从报纸上看到被感染的专家组副组长张劲农的报道，才对上号。报道称，求诊患者成倍增长，张教授坚守岗位天天接诊，极度疲劳，又不断接触发热病人，不幸感染新冠病毒。在家隔离治疗期间，他还心系疫情，"隔空"阅片、讨论病例、指导会诊工作。

他怎么发现我快不行了？事后我妈形容我当时"面无人色"，一查血氧饱和度70%，一进去就上了高流量的呼吸机。

血氧饱和度 70% 是什么概念呢，后来我自己查阅医学资料了解到：血氧饱和度低于 70%，是有可能导致生命危险的。我还能"挺住"，一方面得益于医生抢救及时，一方面得益于我身体基础比较好。

如果没有张教授，我现在会在哪里？不敢想。希望好人平安，如果以后能再见到他，一定要当面对他说声谢谢。

经过一晚的抢救，1 月 13 日，我不发烧了，可以说闯过一道鬼门关，但是呼吸还是局促，不能深呼吸，不能下床。15 日，吃得进东西，能自己上厕所，最高兴的是能深呼吸了。

1 月 24 日，我清楚地记得这一天。不仅因为这天是中国的除夕，还因为一项通告——武汉全面实行发热市民分级分类就医服务。我们一批病人被转到香港路武汉市红十字会医院，当时转院的病人都躺在病床上，我是唯一一个自己走下楼上救护车的。

这是我人生最难忘的庚子鼠年的寂静除夕。

第一个出院，四川援汉医生哽咽着说"值了"

无论是在协和医院还是红十字会医院，我都特别感激医护人员。在协和医院，一组医护人员 5~8 个人，要管 30 个重症病人，每个人每小时都需测体温、血糖、血压一次，我见到的护士不是走路，都一路小跑。我能做什么呢？我能做的就是配合治疗。

协和医院护士长王伟仙跟我说："这么多病人，你永远是最乖最配合的那个，感谢你总是逗大家开心。"

在发热七病区，我被大家称为"胖哥"，小有名气是因为"针不好打"。

每次打针，都是一场战斗，护士隔着防护服、护目镜和三层手套，再做静脉穿刺难上加难。每次打针时，当班的三四个护士都会聚在一起，相互协作，花比其他病人 N 倍的时间和精力找血管，才能完成静脉穿刺。

王护士长帮我在另外一只手上打了留置针。当时我一边喘气,一边抬起身子连声说谢谢。

我没想到自己这么普通的一个动作、一句话,对完全透支的她们来说,竟然是莫大的安慰,王护士长还对前来采访的记者特意说起了这一幕,说她非常感动。

在我眼里,王护士长是一个特别坚强的女性,在病房里日夜忙碌,有一次忙到凌晨两点,才发现家人的未接来电,她就回复了6个字:"人还在,你放心。"

有一天,我突然发现照顾我的护士说四川话,很惊讶,就问她们是从哪儿来的。这位名叫王晨的护士告诉我,她来自四川泸州的西南医科大学。原来,1月27日,赴鄂泸州医疗队35名队员正式加入武汉市红十字会医院的轮班。"当年汶川地震的时候,湖北和全国各地都给予了四川很多支持和帮助,这次,我们是怀着感恩的心来武汉的。"听了这话,我特别感动。

1月底,我就基本恢复正常了,只是核酸检测还没有完成。2月3日一早,医生告诉我,两次核酸检测都呈阴性,可以出院了。当时医疗队队长、西南医科大学呼吸与危重症教授李多,一个大男人哽咽着说:"值了!"

当时我是红十字会医院第一个出院的病人,西南医科大学和红十字会医院的护士小姐姐们都纷纷赶来合影,我发了一条朋友圈说:"毕竟我们也是有着深厚革命友谊的生死之交。"生与死,是我此时此刻最能体会的两个字。

出院后,我成了朋友圈义务咨询员

我经常发朋友圈,但是得病之后,我从1月9日起中断了朋友圈,直到1月23日，我发了一张病床上和护士的合影，大家才知道我就是他们每天听到的"确诊患者"。

2月3日我出院了，本来计划出院就填写《志愿者报名表》，但还需要在酒店隔离两周。出院当天我就接受了17个朋友的咨询，关于症状，关于注意事项，关于治疗手段。

我朋友圈里有很多年轻的企业家和成功人士，这些人被社会称为"精英"。17个电话，我感受到大家的恐慌，就算是读了很多书、学历高的人，对这个病的恐慌情绪也丝毫不会减少。

有一位朋友曾半夜1点给我打电话，说自己体温37℃，是不是感染了新冠肺炎？我劝他说可能就是普通感冒，不要自己吓自己。我住院的时候用了人血白蛋白，有朋友听后一下就买了100瓶，我哑口无言，为什么买这么多呢？其他真正的患者也许就买不到了。

从茫然无知到极度恐慌，大家在情绪的两极奔突。朋友圈里、群里，各种谣言满天飞，求助的、转发的，我知道大家是好心，但是如果不是自己百分百认识的人、百分百确定的事，就不要转发信息，不要给公众造成更大的负担。

乖乖在家待着，就是为祖国做贡献。

我大学开始创业，改革开放造就了腾飞的中国经济，年轻人才能发展、致富。我们是在巨人肩膀上成长起来的一代，所取得的每一个进步，都跟大环境息息相关。小有成就的青年人，要承担更多的社会责任，天下为怀，苍生为念。

我也期待早日恢复工作，报答医护人员，为国为民奉献自己。

医生、病人、试药者……我用6种身份战病毒

/
讲述人：黄朝林
/

黄朝林是武汉市金银潭医院业务副院长，在战疫的前沿火线，他是医生、传染病医院业务副院长、专家组成员、研究者，也因为感染新冠肺炎，他成了重症病人、药物受试者。他的经历清晰地回放了新冠肺炎在武汉暴发的关键时点，以及武汉市和湖北省及时应对疫情的重要举措。

武汉市金银潭医院，是武汉唯一的传染病医院，是第一家收治新冠肺炎患者的定点医院，也是危重症患者最多的医院。作为业务副院长，我的战疫从2019年12月29日就开始了。

警报拉响：7个病人"可能具有传染性"

2019年12月29日，是个星期天，上午在病房里转了一圈，下午

我回到家里休息。可到家不到两个小时，就接到武汉市卫健委电话，要求我赶到湖北省中西医结合医院去"排查可疑病例"。原来，这天下午，省、市卫健委接到了湖北省中西医结合医院的疫情报告，说有7个可疑病人。

我赶紧给ICU主任吴文娟打电话，让她也火速赶到湖北省中西医结合医院。我们俩戴上N95口罩，穿了件普通工作服就进了病房。7个病人被安排在呼吸科相对独立的区域进行了隔离，呼吸与重症医学科张继先主任介绍了这7个病人的收治情况，她正是上报疫情的人。

一一查看病人，坐下来充分讨论后，我意识到，这些病人可能具有传染性，在综合医院对其他病人不安全，需要转到我们医院，我们医院是专门收治传染病人的。

我当即就打电话向我们医院院长张定宇和武汉市卫健委做了汇报，调来了负压救护车。安排好转运的事，我和吴文娟火速赶回我们医院。

我院南七楼是重症病区，从外院转来的疑难传染病人，我们都是先安排到这里。我们要用最快的速度把南七楼的病人移走，腾出病房。

每转一个病人，救护车就要彻底消毒一次，再接下一个病人。除了一位不愿去金银潭医院的轻症病人外，6位病人的转运工作从傍晚持续到深夜11点多。第一个病人到医院时，我们南七楼的医护人员已经全部穿好三级防护服。6个病人全部转来，我们院内专家会诊就立马开始。

住哪里？在哪里上班？最近接触过什么人？接触过什么动物？……我和吴文娟对这6位病人开展了流行病学调查。直到凌晨4点，我终于脱下防护服，做好清洁工作后，回到自己在行政楼的办公室，在沙发上躺下。

较量开始：我伸出去的拳头被重重弹了回来

这些病人被湖北省中西医结合医院诊断是病毒性肺炎，我们医院的专家会诊也是病毒性肺炎，那么，是什么病毒制造了这种肺炎呢？如果病原不清楚，哪些药能用哪些药不能用，就不可能清楚。

为了寻找病原，12月30日，我按张定宇院长的安排，为6个病人做肺泡灌洗取标本。纤支镜室的专家用纤支镜将病人气管中的分泌物取出来，这样的标本阳性率高。当天，这6份珍贵的标本和一份从武汉市中心医院转来的病人的标本就被送到中科院武汉病毒所。

也就是在30日这一天，武汉市卫健委下发了两份关于"不明原因肺炎"的文件，从31日开始，陆续有医院打电话要求我们医院去转接病人。同济医院、协和医院、武汉市中心医院、武汉市红十字会医院都转来了病人。疾控人员做流行病学调查时发现，这些病人大多与华南海鲜市场有关。协和医院转来的3个病人都戴着呼吸机。怎么这么严重呢？

31日，湖北省成立"不明原因肺炎医疗救治专家组"，我成为26名成员之一。从这天开始，只要不去其他地方，我就待在南七楼。作为省专家，我要参加每周一次的专家值班，作为金银潭医院的业务副院长，我要组织南七楼和其他病区的专家讨论和会诊，我还要协调和具体安排其他医院转运来的病人，有时更需要亲自上救护车。

不得不说，此时我们对这个疾病真的是一无所知。病原不知道，感染途径不知道，病人的病情都比较重。直到几天后，才陆续发现有些轻症病人。

新冠肺炎的进展很快。有一个病人，用了常规支持治疗、对症治疗，没有效果，病情持续恶化，血滤机、呼吸机都上了，血氧饱和度还是往下掉。我和专家组决定给他上ECMO（即人工膜肺）。那一天，我们的操作从晚上11点开始，直到第二天凌晨5点才完成。脱下穿了6

个多小时的防护服，我感觉虚脱了一般。

在新型传染病面前，我伸出去的拳头被重重弹了回来。

正式宣战：与病毒赛跑

2020年1月2日，送到武汉病毒所的7份样本检测结果出来了，这是一种从来没有见过的冠状病毒，与SARS和MERS同属于一大类。

国家科技部紧急启动了关于新冠肺炎的4个重大研究项目，其中，金银潭医院承担的临床项目1月10日启动，我是负责人之一。这项研究包括了优化临床治疗方案、抗病毒药物筛选、激素的使用、医护人员感染等，这些都是在临床上亟待解决的问题。

治疗艾滋病的抗病毒药物克立芝也被纳入筛选的药物，因为世界卫生组织已经把克立芝作为针对SARS和MERS治疗的推荐药物。

万万没有想到，10多天后，我从这个项目的研究者变成了受试者，成为克立芝治疗新冠肺炎临床观察疗效和安全性的实验对象。

身份变了：我中招了，属于重症

病人越来越多，2020年1月6日，湖北省卫健委从武汉地区抽调了医护人员支援金银潭医院。从南七楼到南一楼，再到北楼，再到新的综合楼，病房一层一层开。最后，医院全部的病房都腾出来收治这类病人。

我也忙得飞起，清腾病房、添置各种必需的仪器、安置病人、安排前来支援的外院医护人员……医疗上的事，事无巨细，我都得管；作为专家，本院外院的会诊也要参加；我还以专家的身份出席了两场武汉市疫情发布会。每天能睡上4个小时就算是很奢侈的了。

从 1 月 17 日开始，我已经感到人很不舒服了。22 日那天，我的新型冠状病毒核酸检测结果出来了，阳性。我感染了。晚上抽空去拍了 CT，双肺上已有磨玻璃样病灶。

我赶紧给爱人打电话，告知我已感染，嘱咐她不要让双方老人知道。我爱人也在金银潭医院工作，虽然去年 12 月 29 日之后我就再也没回过家，但她来送过两次衣服，这也算是密切接触，她需要隔离。

交代完这些，我慢慢地向行政楼走去，办公室里还有很多事需要连夜处理，我需要平复下来。

第二天，我住院了。这次进病房，我是病人，不用穿防护服。不吸氧的情况下，我的血氧饱和度不到 93%，属于重症。我在参加克立芝临床观察知情同意书上签了字，成为 380 个 "试药人" 中的一个。我想通过自己的治疗，来看看抗艾滋病病毒的克立芝可否用来对付新冠肺炎。

克立芝吃下去了，严重的副作用也在我的身上出现，腹泻、恶心、呕吐，有些难受，但还是能忍耐。

病毒并没有因为药物而有所收敛，我的病情进展快速，我的肺损伤越来越重，呼吸越来越困难，咳嗽也一阵比一阵猛烈，有时感觉肺都要咳出来了。这个过程持续了 10 来天，直到 2 月 4 日我的病情才稳住。

听说那个我们费了很大劲上了 ECMO 的病人在维持了 20 天后还是去世了，而我的病情也在出现反复。我很担心，担心自己会不会发展到上呼吸机、上 ECMO 那一步。

关键环节：如果再来一次，也许我还是会感染

不那么难受的时候，我仔细回忆了我到底是哪一次被感染了，完成对自己的流行病学调查。

1 月 10 日晚，外院转来了 6 个危重确诊病人。参加完安置和抢救后，我出来给家属们详细讲了他们亲人的病情。随后通过工作人员通道

褪去防护服，到门诊了解门诊发热患者情况，工作完成已经是晚上11点了。我洗了手，消了毒，离开门诊，向办公室走去。长时间戴N95口罩，面部被压得发痛，走在无人的院子里，我取下口罩，大口呼吸着新鲜空气。

突然，跑上来一对30多岁的男女，"扑通"跪在了我面前。我赶紧弯腿把他们扶起来，问清楚了，这两人是当天转来的一位62岁危重患者的女儿女婿。我给他们详细解释了抢救过程，并劝他们要戴口罩。可此时，他们一人拉着我的一只手，我无法将刚摘下来的口罩戴回去。这个病没有特效药，危重症病人治疗效果不理想，这个时候安慰他们的家属是医生应该做的事。

3天后，这对夫妻被证实也是感染者！这是我梳理回忆后唯一一次可能的暴露。

现在，我只担心自己成为让大家恐慌的一个反面典型。其实，这个病大部分是轻症。我成为重症患者的原因是睡眠严重不足、生活没有规律，这导致免疫力受损，给了病毒可乘之机。

3月2日，我痊愈复岗，走在如此熟悉的医院，我百感交集。现在医院里的情况肯定不像疫情刚来时那么紧张了，我返岗后也会注意劳逸结合。在得到全国和省内多支医疗队的增援后，我们金银潭医院的运转已经走上正轨，医院要求每个岗位上的员工都不要打疲劳仗，当初那样干也是迫不得已。

绝不倒下,我成了隔着门板喊话的大嗓门

/
讲述人:王菁
/

作为一名与病毒"正面刚"的医生,自己中招后也会恐慌,武汉市第八医院呼吸科主任是个韧劲十足的武汉嫂子,大年初四感染新冠肺炎的她,将办公室改成"临时病房",隔着门板参与战疫14天。

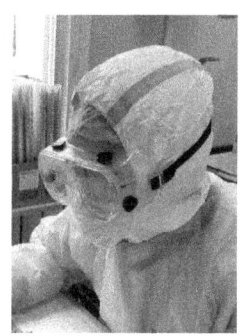

平日里我说话不爱大声,但自抗击新冠肺炎战疫打响后,我不知不觉就变成了一个大嗓门。

大年初四,我的CT显示感染新冠病毒,我决定将自己隔离的办公室改成"临时病房",隔离病毒不隔离工作,隔着门板提高音量参与战疫。

2月11日,我痊愈后又穿上防护服,回到抗疫一线。我的女儿是一名高三备考的学生,近两个月都没有见到妈妈一面。

猝不及防地感染,我选择在办公室隔离

1月28日大年初四,已在呼吸科病房值班半个多月没回家的我,

突然感到全身畏寒乏力，一出办公室门，就全身打寒战，一量体温有37.6℃。由于已有同事被查出感染了新型冠状病毒，为了科室的安全，我决定去拍个CT，并做核酸检测。当时我除了畏寒，已有干咳症状，而且是那种撕心裂肺、无法抑制的咳嗽。

CT结果显示，我"肺部呈磨毛玻璃样，符合新冠肺炎影像学指征"。1月29日，核酸检测结果出来了，为阴性。但身为呼吸科专家的我知道，结合CT结果和临床症状，自己应该是"中招了"。

从一名战士转变为一名患者，内心的波澜起伏难以形容，失落、害怕、恐惧，各种复杂的情绪瞬间涌上心头，我不禁泪流满面。

我一直在想我是什么时候被感染的，还害怕自己会变成重症。1月上旬，我只戴了普通的医用口罩，在接诊的发热病人中，有不少是新冠肺炎的疑似病例，也许是在给病人看病检查的时候被传染了。

好在CT显示病灶比较小，临床症状不明显，应该是轻症，我决定隔离吃药治疗，避免交叉感染。

但在哪儿隔离却让我犯难，家里有紧张备战高考的女儿，医院的病床也异常紧张；更让我放心不下的是，病房里有20多名重症患者需要治疗，但医生人手奇缺，加上自己，才6个医生。

我最后决定，把自己六七平方米的办公室改造成"临时病房"进行隔离，一边服药治疗、一边隔着门板还能参与战疫工作。我的办公室内有一个小卫生间，紧挨着重症病房，对面就是医生办公室，隔着门板随时指挥也比较方便，比手机还快捷。隔离病房医护人员穿上防护服后，也不能随身带手机，提高嗓门指挥更加方便。

柔声细语的我，隔着门板变成大嗓门

从1月28日关紧办公室大门隔离的那一刻起，我就时刻提醒自己绝对不能倒下！

即使我现在变成了病人,但这并不代表着我失去了救人的能力。那些真正打败自己的也许不是疾病,而是内心的恐慌和未知。

我要那么快投降吗?我对自己说,也许上天给你安排一场角色的转变,并不是为了击倒你,而是让你体验病人的角色后,更懂得如何去帮助患者,除了给他们进行新冠肺炎的疾病治疗和护理,还为他们治疗心理疾病。不论是作为一名医护人员,还是一名病人,我都有能力为抗击疫情做出贡献。

其实,自从1月上旬投入抗击新冠肺炎战疫一线后,为了让同事与患者安心,我就一直住在办公室,每天24小时指导治疗,并去患者床边查房沟通。呼吸不畅,护目镜起雾甚至滴水,我很快就汗流浃背、头昏脑涨、喉咙沙哑,但我从没喊过一句苦。我是科主任,别的医生护士都看着我呢。每天忙碌地工作,有时一天只能休息两三个小时。

我最担心的还有科室的同事们,科里大部分的护士都是"90后"的孩子,在刚开始面对病毒时,自然会担心与害怕。我都会耐心安抚,悉心指导他们做好防护,并坚定地告诉大家,这个时候的坚守,是出于一名医者的使命与良知。所以我更不能当一个"逃兵"。

一个人在办公室会不会感到无助和恐惧?说实话,不害怕是假的,但我每天都会定时量体温,监测血氧饱和度。经过服药治疗,我在隔离的第二天体温就恢复了正常,并一直稳定在37.3℃以下;血氧饱和度一直保持在97%以上,无法抑制的干咳的症状也逐渐减轻,这让我信心大增。

每天,我老公和同事都会把做好的饭菜放在办公室门口。我的饮食中,从来没缺过蛋白质和维生素,有亲人关爱的感觉真好!有些药物会引起不适,我就喝水,然后静心休息,大部分反应在一个小时后会慢慢缓解。

就这样,我一边隔离治疗,一边坚守办公室,隔着门板提高嗓门,指导其他医生制订治疗方案。

呼吸科作为接收重症患者的病区,医生和护士有巨大压力和忐忑。

与此同时，大家都表现出惊人的协作能力和战斗力，每个人只要知道自己的任务，就会义无反顾。

一位家住江岸的 72 岁高龄重症患者，曾经做过心脏瓣膜置换手术，每天需要口服华法林抗凝。值班医生发现老人的检查中凝血指标异常，有出血风险，于是他隔着门板向我紧急汇报了患者病情。经过我的及时指导，值班医生调整用药，老人的各项指标终于恢复正常。

2 月 21 日，这位老人达到治愈出院标准，从病房区走出来的时候，给送行的我和医护人员深深鞠躬。

痊愈后，我又穿上防护服投入病房一线

2 月 11 日，CT 复查的结果让我很振奋，我肺部的炎症消失了，核酸检测依旧显示阴性。

重新穿戴好一切，虽然步履是沉重的，但仿佛也是有力的；虽然戴着护目镜的视野是模糊的，但仿佛眼前也有希望；虽然戴着 N95 口罩的呼吸感到急促，但感觉就像在深海潜水，也许马上就能升到水面深深吸一口畅快的氧气。

每个人的体质都有自身的特殊性，我的经历只能给大家作为参考和借鉴，完全复制是绝对不行的。科学的防治和治疗是应对新冠肺炎的最重要手段。而积极的、理智的心态，也同样关键。目前我接触到感染新冠病毒的病人有以下几种情况：第一种，自身有足够的抵抗能力，自身把病毒清掉了；第二种，病毒在上呼吸道能够繁殖，但是没有症状；第三种，表现出乏力、低烧，发热、干咳的症状；第四种，少数病人会发展成重症或者危重症。

自己的病能够痊愈，我有两点感想与病友分享：一是良好的心态非常重要，要树立战胜疾病的信心，可以哭可以沮丧，但不可以一直这样，乐观向上的精神也是治愈疾病的关键；二是一定要谨遵医嘱服从治

疗，相信、尊重医护人员，才能共渡劫难。

我在办公室隔离的 14 天中，每天都会收到医院和科室领导以及同事的各种问候，让我深深感到，自己不是一个人隔离、一个人在战斗，而是被很多爱包围着。希望市民朋友们不要过于恐慌，保持较好的心态，相信科学，相信医生，愿我们一起众志成城，让我们的武汉浴火重生。

这是我的战场,我须拼尽全力

/

讲述人:李承红

/

武汉市第六医院呼吸与危重症医学科主任李承红是一位即将退休的女医生,在她看来,职业生涯最后一战居然遭遇滑铁卢,1月11日,在新冠病毒刚刚来袭时她就不幸"中招"入院。2月1日她治愈出院,2月17日重返战场。

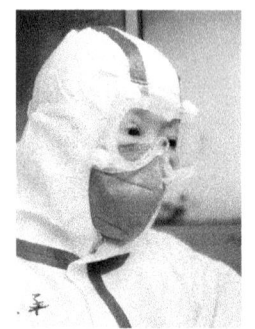

2020年的这个冬天,似乎格外漫长。

在呼吸领域干了一辈子的我,没想到抗疫的枪声刚刚打响,我就倒下了。还好,有惊无险;还好,老天眷顾,让我有机会重新回到主战场。

作为一名久经沙场的老兵,既然回来了,就应该竭尽所能为大家多做一点。因为我知道,自己从来都不是一个人在战斗,领导的信任、同仁的鼓励、患者的期盼、家人的牵挂……我的身后有一股股强大的力量支撑着我,让我拼尽全力,去挽救每一位患者。

抗疫的枪声刚打响，我的科室就损兵折将

2019年12月25日前后，我的科室先后收治了两名发热乏力并呼吸困难的患者，两人的症状看上去跟流感很像。1月初，他们的病情突然急转直下，CT上双肺变成了大白肺。我在问诊中得知，其中一名患者的一家三口都开始出现相同症状，并入院治疗。

"患者不像是普通的流感或肺炎，很可能有传染性，建议单独隔离治疗。""普通病房可能不行，必须要马上开设隔离病房。"这是我第一次碰到不明原因的肺炎病人，意识到这个病很可能不同于以前我们见到的任何一种病，我立刻向医院汇报，并提出了自己的意见。

医院领导班子对我的判断给予了充分信任和高度重视。他们果断决定开设隔离病区，提高医护人员的防护等级，并在诊治上给予无条件支持。

让我始料未及的是，抗疫的枪声刚打响，我的科室就损兵折将。

1月11日，是一个"黑色星期六"。当天早上，我一到医院就觉得有点不舒服，一直坚持到中午查完房。回到办公室，我歪倒在沙发上，一点力气也没有。躺了一会儿，我强撑着起来量了个体温：38.3℃，我发烧了。下午，我去拍了个CT，发现肺部有一个小阴影。

和之前接诊的那两个患者很像！我的心"咯噔"一下，意识到自己中招了。查血的结果还好，我判断自己的病情并不严重。"主任，我发烧了！""主任，我也发烧了！"随后，我陆续接到了科室医生们打来的电话。1个，2个，3个……5个，包括我在内的6个人，全部出现了相似的症状。

仔细一看名单，我发现5个人全部都是当时负责接诊和照看那两个发热病人的医护人员，当时后背惊出一身冷汗。"这个病极具传染性！"随后全科医护人员不管有无症状，全部进行了CT排查。结果显示，我

们6个人的肺部都有大小不同的病灶。

"马上住院接受隔离治疗!"战疫才刚开始,作为抗疫主力军的我们一下损失好几名得力干将,我强忍着心痛宣布了这个决定。可剩下的医护人员怎么办?病人的救治怎么办?医院的防控怎么做?……一系列的问题在脑子里挥之不去,扰得我心绪不宁。

"你放心去治病,其他问题我们一起想办法!"科室三位副主任挑起几个病区的重任,另外派来两名经验丰富的科护士长主持护理工作。

为了我的兵,推迟出院

一同倒下的我们中有三个病情较重。相对自己,我更担心他们。这些孩子都是我看着成长起来的,我必须竭尽全力保护好他们,一个都不能少。我执意把病床搬到了离他们最近的地方,他们的治疗方案我全都亲自制订。在这期间,我既当病人,又当医生。每天上午在病房打吊针结束后,下午就会去每个病房询问、查房,与医生一同制订治疗方案,晚上就在病房学习治疗指南,及时调整治疗方案。

"主任,你的病灶已经明显吸收了,可以出院啦!"1月23日,我接到科室副主任王小江的电话。听到这个消息,我很开心,同时又担忧着正在接受治疗的江城医生。他是我的兵,也是我们这批感染新冠肺炎的医护人员中病情最重的一个。

我看着他的病情一步步恶化:从第一次CT的一个小病灶,到第二次新增的3个病灶,到第三次双肺全白。他才30多岁,有年迈的父母和两个年幼的女儿。他是我看着一步一步成长起来的医生,我必须竭尽全力陪着他一起共渡难关。

"刚接到通知,说我可以出院了,我想了想,还是暂时先不出去,我想陪着你一起战胜疾病。看我,这么大年纪都恢复了,你还年轻,一定可以的!"我拨通了江城的电话。"谢谢主任……"那头沉默了好一会儿,才传来他哽咽的声音。

每天查血、三天复查CT、调整治疗方案……对于江城的治疗,我一点不敢马虎。为了帮他加油鼓劲,我违反了隔离病区的规定,安排科里的医生买来蛋糕,在隔离病房里陪他一起过了个生日。大家戴着口罩,穿着隔离衣,轻声哼唱着生日歌、许愿、吹蜡烛……那一抹微弱的烛光,仿佛就是我们心中的希望。

隔离中我写下万字"防治建议"

在所有医护人员的共同努力下,病情危重的几名医护人员都转危为安,我最担心的江城也坚强地挺过来,度过了危险期。看着以前那群朝气蓬勃的年轻医护人员一个个好好地站在我面前,我的心一下子就踏实了,放心出了院。

"我想早点回去,带领大家并肩作战!"一出院,我就向医院提出申请回到一线。"你的心情可以理解,但还是回家观察两个星期。"我的请求被医院驳回,只好回到家中继续隔离观察。

这14天是我当医生以来最长的休息时间,可是疫情肆虐,即便是在家里,我也不能闲着,隔空阅片、讨论病例、指导治疗,及时总结经验对临床诊疗有着非常重要的指导意义。

回家第二天,我便与中日友好医院呼吸与危重症医学科翟振国教授达成共识,双方团队默契合作。总结临床特点,查阅文献资料,每天微信、电话、电脑远程沟通,一篇上万字的文章反反复复改了20多稿。经过10天的努力,我们合作完成的《新型冠状病毒肺炎相关静脉血栓栓塞症防治建议(试行)》在《中华医学杂志》上发表,获得了业界同行们的认可,为临床治疗提供了指导。

重新归来，我用自己的经历鼓励老病人

重新归来，以往熟悉的病区已经按"三区两通道"规范进行了改造。

"李主任，你回来了，真好！"查房到18床时，一位老人突然拉住了我。我定睛一看，是我的一位老病号，他不幸感染了新冠肺炎。"我也感染了，现在不也打败病毒好好地回来了吗？您一定要有信心，肯定会好起来的！"我用自己的经历来鼓励他。

上午查完房，下午继续参加全院危重病案大讨论。看到内外妇儿所有专科的主任医师围坐一起，针对危重病人的诊疗、合并症的处理、出院等问题各抒己见，相互讨论，全院一盘棋，只为让患者尽快康复出院，我的内心感动不已，深深感受到了每一位白衣战士的医者仁心。

也许治疗新冠肺炎并非他们擅长的，也许他们还有很多不熟练的地方，但疫情就是命令，防控就是责任，关键时刻，所有的医护人员都会勇敢地挺身而出。不会就学，不懂就问，穿了这身白大褂，他们便担起了这份责任。

"欢迎回来！""您要注意休息，别太劳累。""主力军回来了，我们有了主心骨！"……当天的病案讨论结束后，看着这些已经在一线奋战辛苦了一个多月的同事们纷纷对我表示关心和问候，我的内心激动不已。千言万语汇成一条朋友圈以示我的感谢："终于渡过难关，重返一线！从医生—病人—病人＋医生—医生！"我回到了我的主战场。

我是一名中医，感染后，对病毒狠狠还手

/

讲述人：李冬

/

1月23日，武汉宣布关闭进出城通道的那天，李冬被确诊感染新冠病毒，当天就住进了武汉市中医医院，那是他工作的地方。2月14日，他以康复者的身份，去湖北省人民医院爱心献血屋捐献了血浆，没过几天，有人从《人民日报》那篇报道中认出了他。

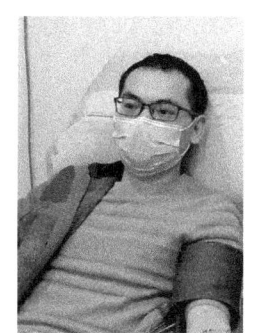

暂时关闭通道的那一天，我确诊了

我叫李冬，35岁，武汉市中医医院一名骨科医生。我是个中医迷。平时和我打交道的，大多是疼痛、肩颈腰腿痛患者。

2019年12月底，和许多武汉人一样，我也是从网上看到那篇关于不明原因肺炎救治的紧急通知，是否传染，并没有提及。

到了1月初，骨科传统治疗室门诊和治疗照常，但人数已经明显变少了，每天差不多五十来人吧，很正常，每年临近过年都是这样。

大概中旬的样子，有同事提醒我上班必须戴口罩。我和同事去办公室领了一些口罩和防护帽，科室医生、技师们都戴着口罩上岗，这在中医骨科不容易见到（拔火罐时不好吹灭火）。当然，病人也越来越少。

突然意识到情况变得严重，是1月20日钟南山院士公开说"肯定存在人传人"。那几天，来做颈肩腰痛治疗的病人更少了。医生接诊治疗也变得更加谨慎，戴口罩、戴帽子、戴手套，治疗前会问一问病人是否发热。

1月23日，我突然出现低烧、咳嗽症状，意识到情况不妙。没敢告诉家人，我跑回了单位，做了CT检查，结果是肺部感染明显！专科同事帮忙看了片子，音调低沉："基本就是了！"

那一刻，我只觉得脑袋轰的一声，蒙了。

关于新冠肺炎的报道看了不少，这个病毒的凶险超乎想象，越想越紧张，呼吸都有些急了。

"我还这么年轻，又是家里的顶梁柱，万一有个三长两短，怎么办？""两个孩子那么小，会不会已经传染给他们了？"

哎，劝人的话都会说，一旦落到自己头上，免不了胡思乱想。

站在医院门口缓了缓神，给老婆打了个电话，说得很简单，怕吓到她。回想了一下，近几天接触过哪些同事，也一一打去电话，嘱咐大家要隔离。没办法，这种事就像中彩，谁也不知道会落在谁的头上。

该交代的都交代完了，折腾老半天才住进医院，必须抓紧治疗，我得赶紧好起来。

在接下来的几天里，形势越来越不好，我也开始胸闷，呼吸变得不轻松了。担心老婆和孩子，赶紧提醒他们吃中药预防。

焦灼、恐惧，身体上各种难受，还得装作没事一样安慰家里人。睁着眼躺在病床上，自己都有些分裂了。

向死而生，我开始对病毒还手

好多同学都在一线，听说我中招了，全打来电话问候，有的说，"你这么年轻，又爱运动，抵抗力强肯定能扛过去"；有的说，"发病后多数人一两周就会好，咬牙扛过去就过关了"……

我才三十出头，不抽烟不喝酒，平时爱打羽毛球，才不信我会那么容易被打倒！同病房的小兄弟，也很年轻，也被确诊。

我俩隔着挡板，戴着口罩相互打气。我说："我们兄弟俩如果大难不死，等到春暖花开一起聚聚！"他说："平时都没住过院，感冒发烧过几天就自己好，我俩啊就是个小感冒。"

不让轻症转化为重症，是我俩共同的目标。我开始慢慢调整心态，把我擅长的中医外治法捋捋，尽我所学，主动出击，每天做体操、按穴位、喝开水，一件不落。

说是做体操，主要是扩胸。双手水平往后伸展，打开和拉伸胸部和背部肌肉，每次坚持做 20 个，一天做两次。

有老师教我做低头仰头和按揉后背的动作，刺激上背部的大椎穴、肺俞穴。后背（T1-T4）自己不好按，我就找了个门框，撞背！这些确实对改善呼吸功能有效。

我在网上搜索"健身气功八段锦"（体育总局口令版），对着手机模仿着做，有的动作健脾胃、有的固肾壮腰、有的调心肺，整套做下来微微出汗，感觉很舒服，每天两次，自我安慰免疫力又提高了不少。

再就是按"腹部八穴"，围绕肚脐四周的 8 个穴位按揉，顺时针摩腹，促进排便，改善消化功能。按肺经穴位：中府、尺泽、孔最、太渊、鱼际穴，还有风池穴、大椎穴。每天早晚两次。有时我会在穴位上扎针灸，希望改善发热、咳嗽症状。

每天早中晚，我至少喝两大杯温开水，排小便，希望促进体内毒素排出。医院给每位病人发了中药汤剂，还有中成药连花清瘟胶囊、麻甘口服液、润肺益肾饮等。我比较喜欢中药汤剂，每天按时按量服用，心里就踏实了。

第一回合输了，我给自己扎针刀

第一个疗程中药吃完了，发热和咳嗽有所好转。复查肺部 CT，结果感染面积却扩大了，病情还在发展。

同道朋友一起讨论用药：余涛师兄通过症状描述和舌苔变化，判断我体内"有寒有湿"，宜温里化湿，扶正解表，疏利三焦，连花清瘟胶囊不宜；杨航师兄精通《伤寒论》经方，用解肌法则、和胃法则，保胃气，存津液，使里邪出表；我认为感染外邪宜"开鬼门、洁净府、去菀陈莝"，就是要发汗利小便通腑。主治医师综合分析后，又帮我开了几副中药继续调理。

我相信医生的话，中西医对症支持治疗，坚持吃中药，开始吸氧，八段锦、按穴位也还在继续。有一天，喉咙突然发痒，有异物感，咳嗽频率增加，一两分钟要咳一次，我担心开始恶化了。一紧张，感觉呼吸都不畅了。

胜春针刀的史雅杰师姐一直关心我的病情，提醒我可以考虑针刀治疗咽痒咳嗽，给我推荐了几个治疗点。我试了试，扎了 10 多针，清理消毒后，到床上躺下。休息了一会儿，感觉喉咙通畅了许多，也没有异物感了，约摸 10 分钟咳一次，咳得很轻松，呼吸通畅。当天晚上我睡得很安稳，第二天起床咳嗽明显有改善，差不多半小时咳一次。

我连忙跟同病房小兄弟分享了这一发现，彼此鼓励了一通，心态又稳定了许多。晚上，我和老婆、孩子视频，看看他们的笑脸、听听他们的声音，总会多些活下去的勇气。战胜这个病心态很重要，悲观、紧张会一下子让免疫力崩溃。

想起中医治疗外感疾病的思路，总结大概就是中医三通："发汗通腠理，通利小便，畅通大便"，我觉得有道理。

我依然坚持喝温开水，菜里面有生姜，就直接吃了，一点不剩。然后做操，练八段锦，以微微出汗为标准，只要我出汗了，体温变得很正常，就是"发汗祛邪通腠理"。

没条件用中药利小便，就多喝水，小便自然多了，就是"通利小便"。多吃蔬菜，少吃荤菜，有利于形成大便，每天必须解大便一次，配合手法顺时针按揉腹部。

本来想烤白萝卜吃，榨白菜汁喝，用刘伟承火龙罐灸运腹部，改善肠道菌群平衡，但因隔离，条件不允许。

CT复查，感染面积有所缩小，病情比较稳定。这一次，我很淡定，知道这一回合是我赢了。

病愈捐血浆，我希望还能回到战场

2月8日，经过半个月的治疗，我终于可以出院了。

2月13日，我在网上看到许多权威专家研究发现，康复者血浆抗体有利于救助新冠肺炎患者，号召康复者捐血浆。

我想去捐血浆，老婆也很支持我。14日一大早，我就去湖北省人民医院爱心献血屋捐献了血浆。没想到我是当天第一个到达的捐献者，更没想到一献完血就被一大堆记者围住了。

其实跟前线战友比，我做的事微不足道。献血浆属于成分献血，符合条件的人献适量血浆对身体没有什么坏处。献完血浆10来天了，我的身体一直感觉良好。

更庆幸的是，确诊之前和我密切接触过的同事和家人，隔离期过后，无一人感染。这，也算是上天对我的眷顾吧。

捐完血浆那一天，走在太阳底下，身体被晒得暖暖的。那一刻，我只想好好恢复，希望还能回到战场。

即使受伤了,我也能用自己的热血救人

/
讲述人:黄飞
/

40岁的黄飞是武钢总医院泌尿烧伤外科医生,感染新冠肺炎后,他也曾害怕惶恐,但在治愈康复并隔离14天后,又第一时间将自己400毫升的血,献给了一位医护人员的丈夫。

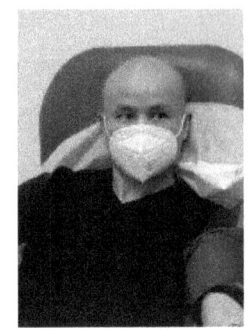

今天是2020年2月28日,感染新冠病毒并治愈后,我的14天隔离期已经过了,明天准备复查CT。如果肺部病灶完全吸收,我坚决要求回到工作岗位。

作为医生,我在感染后害怕过、慌张过,但经过10天的住院治疗,我痊愈了。

所有的忐忑、惊恐,在决定为感染者献血时,在看着自己的血液缓缓流出时,成了终于安定下来的心。

感染：接诊咳嗽患者，我中招了

我是从广西医科大学毕业的，在武钢总医院从医已有13年，是个泌尿烧伤外科医生。

现在回忆起来，我应该是在给一个住院患者看病时被感染的。

春节期间，医院的患者突然多了起来，我正好连排了几天的班，准备上完班后回老家汉川跟父母团聚。在此之前，我的孩子和我父母一起，已早早回到了汉川老家。

2020年1月20日，我在门诊接触过一个病人，阴囊高度水肿且伴有咳嗽，他家人说他抽烟，有慢性支气管炎，我也就没多在意，近距离询问病史且给他做了体格检查，期间患者还咳嗽了几次。入院后，为了解患者阴囊水肿的情况，我给他做了腹部及阴囊触诊，且在1米以内交流，他没戴口罩，这期间还在咳嗽。

其实那时候我已经注意到，医院门诊病人开始多了起来。但当时都没要求戴口罩，医生看病一如既往，也没有采取什么防护措施。但正是这一天，钟南山院士公布说"有人传人"。

事后经过调查才知道，这个病人发烧，他的妻子及孩子均被确诊新冠肺炎，后来被隔离治疗。

1月21日下夜班后，我就有点头疼，昏昏沉沉的，但当时对这个病认知甚少，以为是因为连续上夜班没休息好。

1月22日，我开始出现发烧、呕吐的症状。我以前是跑半马的，身体一向很好，但这次出现了持续发热伴头痛乏力。

1月23日，武汉宣布暂时关闭离汉通道。随着越来越多的病例被公布，我顿时有种不祥之感，难道中招了？

1月24日一大早，正值除夕，我赶往医院拍了肺部CT。很不幸，显示左肺有磨玻璃样病灶，考虑病毒性肺炎，3天后病毒核酸检测结果出来了：阳性。

抗争：我是医生，我也害怕

1月24日，我被安排在武钢总医院住院治疗。住院前几天，烧退了，但开始干咳，有时还有点胸闷，晚上更甚。

虽说是医生，但刚住院时，我心里也很紧张、很害怕。尽管早有思想准备，却还是无法接受。病房的病友里，很多还发着高烧，有的上了激素，更有甚者还上了呼吸机。

那几天我天天刷新闻，网上报道武汉的确诊人数及死亡人数在不断上升，甚至有的全家感染。太可怕了，因为对这个病毒确实认识太少，外表坚强的我，内心开始恐惧。我担心的原因有三点：一是自己属轻症，怕交叉感染加重病情；二是怕自己治不好病情加重；三是怕家人也感染。

住院的头几天胃口差，什么都不想吃，晚上焦虑得睡不着觉，整晚失眠，饭也吃不下。每天就是看网上有多少和我年龄相仿的感染者，有没有病情加重死亡的，越看越怕。后来医生说一定要吃好，加强营养，晚上一定要休息好，保证睡眠，才能提高免疫力，这样病情才能好转。

再一个，当时我们住院的病区是老病房，条件差。突然从医生到病人这个角色转变，我更是不适应。

但作为医生，我知道这是每个新冠肺炎患者必须经过的心理煎熬。我唯一能做到的，就是听医生的话，要乐观开朗，这是提高免疫力的最好方法。

在最困难的时候，我感受到了来自家内家外的温暖。为了安抚我的情绪，我所在的医院每天有人打电话嘘寒问暖，对我进行心理疏导，让我放下心理包袱，积极配合治疗，有什么需要尽管提。

老婆和父母也说他们很好，叫我不用担心，安心养病。同事和同学也打电话鼓励我,说我身体强壮,肯定很快就能恢复的。医生也跟我说我感染轻,恢复后不会有什么后遗症。

感染住院的事,我没告诉女儿,免得她心理压力大,她每次打电话来,我都听出了她的担心,但我故作轻松,只是说工作忙一直在上班,让她好好学习。女儿是我战胜病魔的最大动力。

很快,我振作了起来。我必须变得强大。我不强大,病毒就会强大。食欲不好,但我把每天送来的饭菜一粒不剩全部吃完。医院给我们熬制的中药,尽管很苦,我也全部喝完。有条件尽量多吸氧,同时多做深呼吸。

没事的时候,我还听听音乐,舒缓紧张的情绪,晚上只听音乐,坚决不上网,免得一些负面的报道影响我的情绪,影响我的睡眠。我很早就睡觉,保持充足睡眠。

说来好笑,作为医生,我最怕的治疗竟然是打针,倒不是因为胆小,而是因为护士都穿防护服、戴护目镜视线相对差一点,戴两层以上手套手感又差一些,很难一针打进去。我最多一次被打了5针,手上都是针眼。刚开始几天我都提出不打针了。

但为了快点好,早日回到工作岗位,再疼我也得忍着。

后来病情逐渐好转,核酸检测也转阴了,连续一周没发烧,咳嗽症状也明显好转。

胜利是属于勇敢抗争的人,终于,医生告诉我可以出院了。

2月2日出院时,我心里特别高兴,我告诉病友们,这个疾病没什么可怕的,是完全可以战胜的。我逐个跟病友及医护告别,感谢他们的精心治疗与陪伴。

通过10天的治疗,我痊愈出院。街道上依然没多少行人,但外面的空气真的很清新。我终于可以回家了。

献血：血液流动时，心也安定下来

回到家里，我仍然要进行自我隔离。正当我努力恢复身体，准备重回前线时，2月14日下午，我刷微博看到了武汉市中心医院一个正在一线全力奋战的女医生的求助：她的老公1月21日入院，目前双肺全白，病情危重，已插管上了呼吸机，需要使用血清疗法，急求感染后治愈者的血浆，血型为B型。

"献血，献血，献血，献血。"

求助帖上这两个字一直敲击着我的内心，我是感染后治愈者，我也是B型血，我更是一个武汉医生，全国已有2万多名医护人员赶来拯救我们的城市，我用我的血拯救我的同胞算得了什么？

我在电话里跟正在自我隔离的老婆一商量，她非常支持我，她是个老师，平时也献过血，她唯一担心的是我病愈后的身体是否吃得消，她嘱咐我量力而为。

2月15日，出院后的第14天，我独自一人驾车，赶到了设在湖北省人民医院的爱心献血屋，这是新冠肺炎康复者血浆捐献点，尽管以前健康时也献过两次血，但因为新冠肺炎刚痊愈，心里多少还有点紧张，医生问我抽多少，我说先抽个基本量吧：200毫升。

经过常规检查准备后，我撸起了袖子，一根很粗的针头插进了左臂静脉，很疼，但看着血管里缓缓流动的鲜血，我感觉心也渐渐安定了下来，瞬间涌起来了一股莫名的自豪感。

感觉不错，我跟医生说，抽到300毫升试试，抽到300毫升后，我觉得稍微有点头晕，可以坚持，也没多大问题，我跟医生说，抽400毫升吧。

我知道，400毫升是规定献血的最大量。医生问我行不行，建议我量力而行，我对自己的身体有信心，我说行，没问题。

400毫升血抽完之后，可能刚刚病愈的缘故，我的头还是有点晕，口渴。喝点牛奶和水，在现场休息了一个小时后，我就基本恢复了。

献血的事，我也没有告诉在乡下自我隔离的年迈的父母和上初中的孩子，倒不是怕他们反对，而是怕他们担心。但今后我还是要告诉孩子，不管遇到多大的困难，要做个勇敢的人，爸爸是个医生，是个战士，即使是受伤了，也要用自己的热血救人。

后来，那位女医护人员，我不知道她是医生还是护士，她找到我微信，给我转来5000元，她在微信中留言说："感谢您伸出援手，我们无比感恩。这是给您的营养费。"说实话，看到这我眼泪夺眶而出，她也是一名医护人员，丈夫感染，自己还坚守在一线。我是医生，我是武汉人，我告诉她："您不要客气，谢谢您，我不要钱，我献血纯属自愿，真的！"我相信还会有更多的医护人员赶来献血，因为在国难面前，我们既是医者，更是战士。

疫情还没结束，战斗仍在继续，全国人民都在支援武汉，我呼吁，希望更多治愈者的热血在重症患者的血管内流动，帮助重症患者战胜病魔。

相信武汉会很快好起来的，到时，我还要跑"汉马"。

平安熬过危险期,再保他人平安

/

讲述人:蔡桃英

/

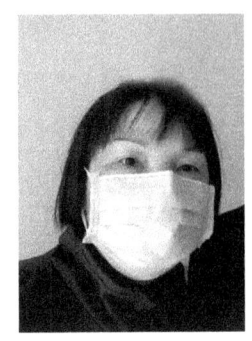

蔡桃英是武汉市汉口医院内分泌科护士中的老大姐,第一个报名进入隔离区,感染新冠病毒康复出院后,立即报名捐献400毫升血浆。她说:"暂时没法上一线,那就献血帮助患者吧!"这也是她第83次参加献血。

  我是一名47岁的护士,我所在的汉口医院2019年12月底就开始接收新冠肺炎患者。我们内分泌科与呼吸科在一层楼,当时呼吸科的病人特别多,病房满了,加床也满了,因为患者的症状都不典型,我们科也收了不少。患者做了CT后,才确诊病毒性肺炎。看到这种情况,2020年1月3日,院领导决定,将内分泌科搬出,整层楼让给呼吸科。后来,院领导又要求内科无条件收治肺部感染病人,但仍无法满足大量涌入的病人的就诊需求。

  因为当时没有强调人传人,加之医院的N95口罩不多,也没有隔离衣、防护服,所以,面对第一批病患,我们只戴了一般的外科口罩,相当于"裸奔"的状态。后来统计,我们那一批医护估计有二三十人感染。

我身体很好，从未想过自己会中招

我是1月18日开始不舒服的，早上起来全身乏力。我想可能是没有休息好，因为前段时间工作强度太大，我们都是超负荷工作。早餐也没有食欲，强迫自己吃了一个鸡蛋，喝了一杯豆浆，还是去上班了。因为这段时间科室人手不够，护士调走有三分之一，有的被调去了金银潭医院，我们医院也成立了隔离病房，有几名护士也调过去了。一个萝卜一个坑，我们一个萝卜要顶几个坑，一个人请假，别人就要承担更多的工作。

1月19日，仍是全身乏力，有点发热，毫无食欲，吃了一小碗豆腐脑去上班。中午接到通知，院领导决定撤销内分泌科，我们全部去隔离病房。我们要把所有的病人转到相应的科室，进行交接，给要出院的病人办理出院手续。那天，我们从早上7点半忙到晚上10点，中午大家抓紧时间站在值班室吃了东西，又继续干活。回家的时候，人已经瘫软了。

1月20日我们已是全员上岗，我在隔离病区忙了一上午，后来，护理部韩主任通知呼吸科缺人，我又赶到呼吸科支援。因为开始穿防护服，防护服非常不透气，里面的衣服湿了干，干了湿。我撑了一天，眼睛也肿胀得难受，感觉眼珠都要蹦出来了。

但这个时候，我仍没觉得自己是感染了，虽然有点发热，完全没有往这方面考虑。因为我身体很好，经常锻炼，我们医院每年会组织长跑活动，我每次都是我们这个年龄组的第一。

1月21日我休息，发烧症状没有减轻，感觉实在扛不住了。因为在本院申请做CT需要等院专家组审批，比较麻烦，我很犹豫，但又怕真感染了影响别人，拍个片子还是放心一些。直到下午5点我才决定去拍片。我的想法是拍个片子，得个安心。

我老公黄卫兵就是放射科医生，那天，结果出来后，我看他拿着片子的手抖了一下。

我就想，完了，果真中招了。

我给主任打电话，说，主任，我被感染了。主任也没有觉得很意外，他说，现在没有床位，你等我通知。

带着一本《重返狼群》去住院

我清点了洗漱用品，还带了一本书，走进隔离病房。这次不是去上班，而是去治病。

1月25日再去拍片，主任说病情扩展了，比之前的范围扩大了。我当时听了心情有点沮丧，食欲也不太好，一天都不想吃东西。

后来主任查房时宽慰我说，都有这个进展期，你不用太着急。

我的白细胞和血钾都很低，所以主治医生又给我开了补钾的药，以及增白细胞和抗病毒的药……我一般是很少吃药的，一时间吃这么多的药，难受得厉害。

除了这些，其他的我都还能接受。

我和老公的性格都属于比较理性和内敛的，也不善表达。既然感染了，就安安心心配合治疗，每天我们会打电话相互问候，从来不伤春悲秋说些泄气的话。庆幸的是，在我们医院开始忙的时候就让儿子回老家了，正好封城他也回不来。我住院的事没有和他说，不想让他担心。可能是从我哥那里听到了消息，儿子急忙打电话问我的病情。平时儿子有些反骨（调皮），我住院后，感觉他懂事多了。他让我安心养病，不要担心他。

疫情发生后，从确诊病例骤增到一床难求，很多患者都住不进来，我看在眼里，心里也很难受。我想，只有我治愈出院了，才能腾出床位，给需要的人。

其实，我住院后几天，老公也出现了症状。但他的症状不明显，核酸检测是阴性，没有床位，他也是在家吃药、自我隔离。直到我出院，有了多的床位，他才住进去。

我带了本《重返狼群》进病房，这本书是李微漪写的。讲述的是一位女画家收养一头小狼格林，训练它的野性，最后将它放归草原的传奇故事。之前我看过电影《狼图腾》，后来又买了《狼图腾》的书来看，看了书又去看电影，反复对照。我很喜欢动物，通过《狼图腾》，我才开始正式喜欢狼这种让人敬畏和尊重的动物。书里提到狼的精神，写到狼的智慧，让我觉得狼真的非常伟大。后来看到《重返狼群》的介绍，买了书后一直没有时间看，正好利用这段时间把它看完。

住院期间，我有时看书，有时和病友聊聊天，帮他们缓解情绪，有时同事忙不过来，我就搭把手。

病房的小护士说，蔡老师，你就是病房里的一股清流啊。

还有护士说，蔡老师，你怎么这样淡定，有的人哭得纸巾一包又一包。

我觉得吧，欢乐是一天，不欢乐也是一天，何不让自己有个好心情呢？

我是1月30日出院的。之前白细胞超低，不够出院的标准，那天检查，正好达到正常标准的下线，我就赶紧出院了。

老公住院后，我反而担心起来，他的病情后来加重了，吸氧吸了好多天，烧了一个礼拜。他生病还不如让我生病，我在家隔离，心里没谱，心神不宁。有一天给老公打电话，还没说两句话，他就喘得不行，我立马哭了起来。老公连忙说，是喝水呛到了，让我不要瞎操心，赶紧挂了电话。我自己病了都没有哭过。真的害怕，怕他瞒着我。

好在同事都很关心我们，总是传递老公的消息。知道他慢慢在好转，我才安下心来。

现在他也出院了，还有14天隔离期，我心里的石头终于落了地，我们总算是平安地熬过了这场劫难。

不能上一线，我就当好守门员

出院后，我还要在家隔离 14 天。一边担心老公的病情，一边关注疫情发展事态。那天，一则呼吁新冠肺炎康复者捐献血浆的新闻引起了我的注意，我赶紧打电话预约，准备隔离期满后，就去血液中心捐 400 毫升血浆。

2004 年，我在一场手术中突发大出血，命悬一线，依靠输血，才在危急关头被救回一命。我以前是不接受献血的，经历这场大手术，我才懂得了献血的意义。

我老公是好好先生，特别热心快肠的那一种。他很早就开始无偿献血了，而且还是捐献骨髓（造血干细胞）志愿者。我那次手术康复后，老公说，你这次能捡回一条命多亏输血，等完全好了，也去献血吧。

我是 2005 年开始和老公一起去献血的，已经献了 80 多次，全血和成分血都有。刚开始是等通知，需要我就去，后来献得多了，也懂得了不少献血的知识，比如，献成分血过了 14 天可以再次献血。所以，我会自己把握每次献血的时间，一般一个月可以献两次，只要时间和身体允许，我都会去。

这次献血的意义不同。听说我献的 400 毫升血浆可救治两位新冠肺炎重症患者，而且效果非常好。能够救人，我很开心。

2 月 22 日，我返回医院上班，虽然疫情已经开始得到控制，但我们人手仍不够。可惜因为身体原因，我暂时还不能上一线，只能在红区做防护督导等后勤工作，帮助每位进入隔离区工作的同事检查防护情况。我们的护士都非常年轻，好多都是"90 后""00 后"。怕年轻人疏忽，她们去隔离病房前，我都要帮她们戴好护目镜、防护面罩，用弹力绷带帮她们固定好手套、鞋套，确保每位战士都能安全。出隔离病房后，要给她们消毒、杀菌……她们出来吃饭的地方，我会严格按院感要求消毒，我的工作就是做好后勤保障。上不了一线，我就当一个守门员，帮她们把关。

现在医院收入的病人比之前少多了，很多病人也在慢慢康复，我相信疫情不会拖太久了。

好长时间没有见儿子，也不知道他怎么样了，生活是不用担心的，只是担心他的学习，不知道学校什么时候能复课。这么长时间，怕他玩野了。

一家五口三人中招，我写了遗嘱

/

讲述人：蔡娟

/

为了给患有先天性心脏病的儿子治病，41岁的蔡娟和大她两岁的丈夫张建雄选择在武汉安家，打拼6年后，一家人逐渐站稳脚跟。2020年这个春节，他们刚搬进属于自己的新居，却险些被一个从未听说过名字的病毒击倒……

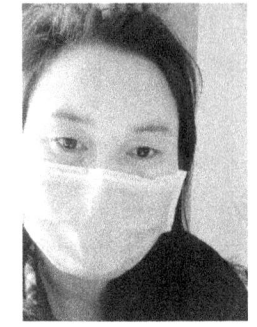

我和丈夫都是湖北黄梅人，2014年之前他在省外一家鞋厂做管理工作，那一年因为大儿子生病，我们来武汉陪孩子做手术，了解到后期治疗还是个长期的过程，为了方便孩子治病，一家人就在东西湖舵落口寻了个门面，做起了建材生意。

我们有3个孩子：17岁的大儿子强强（化名）、15岁的女儿婷婷（化名）和10岁的小儿子兵兵（化名）。6年里强强接受了两次手术，身体渐渐转好。

做生意我们不怕吃苦不怕累，2018年我们终于在东西湖新沟镇街买下一套房，因平时忙生意还要顾3个孩子的学业，装修时间一再耽搁，2020年春节前不久，五口人终于欢喜地搬进了新房。

除夕前一天，丈夫和小儿子嚷嚷头晕

因为是住进新房的第一个春节，我们商量后决定在武汉过年，丈夫1月21日独自坐长途客车回了趟黄梅，给家里送了些年节礼品，23日回到武汉。

当天下午，我开着小面包车带着兵兵去接丈夫回家，还在车上，丈夫和儿子就都嚷嚷头晕，到家后丈夫量体温发现烧到38℃，他当晚粒米未沾，整夜喊身上疼。兵兵也说头晕不舒服，我以为他只是像平常那样好动着了凉，并未放在心上。

1月24日，我陪丈夫去协和东西湖医院查血，因人太多没排上CT，晚上8点我们回家了，拿回一些口服药。

那天晚上，丈夫已经无法安坐在凳子上，我开始深深担心：莫非他真的感染了新闻里说的那种病毒？当晚，我给父母打去电话，提醒他们注意在家自觉隔离，当地社区得知情况后也对双方父母家进行了消毒，目前几位老人身体健康。

那天是除夕夜，在家等了一天的3个孩子和我们简单吃了个年夜饭。

"陌生"的社区书记，坚持让全家做检查

1月25日，兵兵体温达到38.9℃，我想起小区电梯里张贴的"发热人员请速拨打社区电话"的告示，抱着试试看的心理，我拨去了电话，得到社区工作人员的提醒：全家人都赶紧去医院拍CT看看。

我立马开着车，带着一家人赶到医院，在医院张罗着给丈夫和孩子一一拍片，当天傍晚拿到结果：丈夫的肺部感染情况最严重，两个儿子肺部CT都有异常，女儿很健康。而我这天根本顾不上给自己拍片。

那天，当我第一次接到新沟镇街荷花社区书记夏光的电话时，感到很奇怪，这个陌生人为什么问我那么多问题，还坚持一定要我们全家都去医院检查，他反复给我打电话，不断追问进展，还嘱咐我一定要早去医院检查。

可那时医院床位紧缺，医生告知一家人生活隔离的措施后，排队一天的我们回家了。

1月26日，我陪着10岁的兵兵乘救护车抵达市儿童医院，将儿子安顿好后又独自返回东西湖家里，向亲友和社区四处求助，希望能安排呼吸困难的丈夫赶紧入院治疗。

1月27日，丈夫接到社区通知，当天可以住进东西湖区武汉太康医院。紧张收拾着带去医院的东西时，我突然收到消息，儿童医院可以为兵兵做核酸检测。来不及送别丈夫，我匆匆独自出发，终于赶在当天排上最后一个号，陪高烧的兵兵完成了检测。

傍晚时，我通过夏光联系上新沟镇荷花社区网格员郭威和新沟镇医院的童院长，丈夫已被接去医院，家里的两个孩子也有了可以托付的人，我安心陪伴兵兵直到他住进市儿童医院的隔离病房，回到家里已经是晚上9点。

1月28日上午，得知兵兵核酸检测结果是阳性，我再次赶到市儿童医院。得知我的丈夫已经确诊被收治，给兵兵治疗的医生每次测体温时，也给我测一下。那天兵兵体温达到39.7℃，而我的体温也有38.7℃，医生催我去拍片，可我不肯挪一步，只希望兵兵早点退烧。

儿童医院的医生们见我惦记孩子不肯去看病，给了我一些连花清瘟胶囊、奥司他韦等药物。我烧得昏昏沉沉的，还要照顾小儿子，打电话问丈夫的情况，家里大儿子心脏病的术后药物也快吃完了，桩桩件件，都是我心里的坎儿。

1月28日那天，我与夏光通话近20次，从清晨7点一直到深夜，每件事都很紧急，这个电话成了我们一家的依靠。丈夫和儿子状况都不好，我自己也身体难受，当时情绪特别消极，但社区的人总给我鼓劲，说办法总比困难多，这一点点力量支撑我没有倒下去。

连日奔波在医院和家之间，我根本顾不上家里需要服药的大儿子强强和女儿婷婷，新沟镇街荷包湖门诊医生王敏就成了我们一家的"临时药房"。

我和王敏加了微信好友，只要家里需要什么药，在微信里说一声，王敏就给我备好并送到家里，考虑到消毒需要，王敏还让自己的丈夫给紫外线消毒灯焊了个架子，送到我家中。

偷偷备好遗嘱，一群人给我打气

1月29日，我依然发着高烧，却无心去给自己做检查，守护在烧得发抖的小儿子兵兵身旁，突然得到丈夫已因缺氧昏迷的消息，我心急如焚。再次求助社区书记夏光，希望丈夫能早些转入金银潭医院。

这一天，在社区网格员郭威的照料下，经过反复检查被确认为密切接触者的强强和婷婷，也住进社区的密切接触者隔离点，两个孩子分别住进两间房。

当晚郭威把他的手机号存进婷婷的儿童电话手表里，方便她在找不到爸爸妈妈的时候，也能有社区叔叔帮忙。

1月30日，是我最"灰暗"的一天。那天丈夫昏迷，小儿子烧得浑身发抖，大儿子的心脏病药没法弄到，我烧得昏昏沉沉，跟女儿打电话都不敢多说几句，怕她担心我。我感觉自己真的坚持不下去了，在手机上写好遗嘱发给哥哥，甚至安排了身后事。

1月31日凌晨，我给王敏发了一条微信："能把家里两个保住，就不错了。"王敏立即回复鼓励我。那天，婷婷的老师因为发现家长群里没有出现婷婷的消息，特意打电话来问，得知我们一家人的情况后，这位吴老师也不停地给我加油打气："你不要灰心，肯定会好起来的！"

一家人终于迎来微微的曙光

1月31日,一家人终于迎来微微的曙光,兵兵的高烧退了。

感觉终于松了一口气之后,在市儿童医院医生的催促下,我来到附近的长航总医院拍了肺部CT,拿了药,等待结果。当晚王敏又在微信里鼓励我:"一定要有战胜疾病的信心,我坚信你有不服输的性格,一定能扛过这次灾难!"

好消息陆续传来。2月2日,丈夫的烧退了,次日他被转入金银潭医院,虽一刻都不能离开氧气面罩,但从这天开始我们夫妻俩天天都能简单交流了。2月6日,兵兵的核酸检测转为阴性,药量减少。2月7日,我因胸口仍在发闷,住进东西湖区疑似病例隔离点。

2月8日,兵兵达到出院标准,夏光把兵兵从市儿童医院接出,送进东西湖区治愈者隔离点。10岁的兵兵从出生到现在都没有一个人住过,跟哥哥姐姐又不在同一个地方,在隔离点住了两天,因为害怕,他晚上都不敢睡觉。

我因担心兵兵,不断跟夏光沟通,夏光发短信说:"放心,有我吃的就有他吃的。"我还不忘叮嘱我们远在黄梅的家人,让他们晚上多给兵兵打电话,陪他多说说话。

2月9日,我被送到武汉客厅方舱医院,可因为我实在喘得厉害,现场医生判断需要吸氧治疗,当日回到隔离点休息,第二天我住进东西湖医院。

用我家的经历给武汉人打气

我住院和丈夫出院是同一天,2月10日,他从金银潭医院出院,被送回家里隔离，兵兵也在接受反复检查后被允许回家，社区给家里送来排骨、牛奶，每天还帮我们家扔垃圾，真是无微不至。

2月14日，完成14天隔离并经检查无恙的强强和婷婷，也被送回了家，家里四个人分别住在三个房间和客厅里，每天网格员郭威至少会上门两趟，给屋里每个人测体温，还送来消毒用品、生活用品和食物。

我在医院被诊断为轻症患者，2月18日，我达到出院标准，住进了治愈者隔离点。"快解放了。"我和王敏医生的每日微信互相鼓励，雷打不动一直在进行。

2月19日，我感觉身上越来越松快了，当天我发微信给王敏："现在就希望早点看到你，跟你吃个饭，好好吃个饭！"王敏在微信中告诉我，从2月15日开始她也被调到将军路医院支援，每次下夜班后的清晨，她的祝福总会准时出现在我的手机里。

2月22日，经过反复检查确认康复，我终于回到了久违的家。我们五口人都平安回家了，这就是最大的胜利。

老公回家后依然不能剧烈运动，医生说因他曾是重症患者，至少还需要半年的调养，但好在齐齐整整，5个人平安团圆。

我真的有说不完的感谢，道不尽的感恩，我们一家人的救命恩人太多了，这一个月里每一个帮过我们的人，都是我们全家的恩人。无论是随时都接听我电话的社区书记夏光，或是每天上门测体温、送物资、倒垃圾的网格员郭威，还是天天在微信里为一家人加油打气的社区医生王敏，还有无数个给过我们一家关心爱护的人，现在都是我心里的"新亲人"。

讲出我家的经历，就是想给遭遇不幸的人打打气，希望有类似遭遇的家庭都像我们家一样，患者快点好起来，生活早日恢复正常。这一个月，我得到了从未有过的温暖，现在我们家只有太多太多的感激，真不知道怎么说才能说得完。

至暗 40 天，我们全家人扛过来了

/

讲述人：夏宇虹

/

这是一个和睦友爱的两代之家，老年夫妻慈爱坚强，中年夫妻孝顺努力，他们在相互搀扶中全都病倒，又全部顽强地站了起来。

新型冠状病毒像一群无形的猛虎，正在冲向人群，不知道谁会是它的下一个目标。52 岁的我和父亲、母亲以及老公未能幸免，82 岁的老父亲更因为病情危急被送入 ICU 病房，命悬一线。经历了在恐惧、脆弱、危险中挣扎求生的 40 天，我们一家四口渡劫闯关，迎来了康复。

20 天内，我们家 4 个人被感染

2019 年的最后一天，中午，阳光灿烂。我驱车前往光谷父母家，按照计划，我们仨去沌口汤湖戏院，参加新年音乐会。母亲说她不舒服，看我兴致勃勃，坚持一同去看了演出。

两天后，我来到父母家，带着给二老买的新袄子，母亲刚从外面买体温计回来，一量，36.9℃，不烧，但就是浑身无力、发软、头痛。我帮她拔了火罐，做了头部按摩。

回来后的第二天晚上，我体温38.5℃，和母亲一样，全身发软无力。吃了感冒药，第二天体温正常。下午3点，又发烧到38.7℃，我马上去家附近的武汉市第五医院看呼吸内科。检查、抽血、检查流感病毒，结果血象正常，检测报告是阴性，接诊医生说"普通感冒"，开了连花清瘟胶囊和抗病毒的药。离开医院已是晚上8点多钟，回去的小路上凹凸不平，而我当时烧得浑身发软，高一脚低一脚，一脚踏空，右脚脚踝崴了。后来一拍片子，脚踝骨折，打上了石膏。

吃药后感冒不见好转，我坐在轮椅上让老公推着继续去医院看病。呼吸内科的龚一龙主任接诊，问询情况后，坚持让我拍CT，我说又不咳嗽，只同意拍X光片，果然，片子显示肺部有感染。龚主任让我马上住院，因为住院需要去单位拿联单，挺麻烦，我决定继续在门诊打吊针。

母亲的病情加重了，打吊针也不见好转。1月6日，弟弟和父亲陪着母亲去了省中医院光谷分院，母亲的CT显示双肺感染，必须住院，但中医院没床位，又转到陆军总医院，急诊排了1个多小时，医生也说没有病床。那时我不能动弹，只能让他们到五医院碰碰运气。

当时到医院已经晚上9点多了，医生一看，怀疑是不明肺炎，医院不能收，要去金银潭医院，赶过去的老公恳求医生收进医院，又碰上了龚一龙主任。他说，上级部门来了通知，没有确诊的病人医院不能拒收，马上安排母亲收治入院。当时呼吸内科已经住满了，母亲只能在走廊里加床，她前胸后背疼得厉害，直到凌晨3点，母亲才打完吊针。

母亲住院期间，我叮嘱父亲不要去探望，他不放心母亲，拦都拦不住，硬是跑去了两次。

1月9日，父亲也发烧了，我老公推着我，搀着我父亲去五医院，两个人做了肺部CT，父亲双肺重度感染，我右肺感染，正好空出两个床位，我们被收治入院。

1月19日老公发烧，CT显示右肺部轻度感染，医生开了住院证明却没有床位，前面等待住院的有近70人。

ICU 里，82 岁的老父亲坚强求生

入院后，父亲的情况每况愈下，上吐下泻的同时伴随着呼吸困难，1 月 15 日，父亲住进了 ICU，上了呼吸机，82 岁的老父亲，被一排机器包围着，插着各种管子。医生下了病危通知单，让我们做好思想准备。听了这话，我哭着对医生说，请你们用最好的药来救治父亲。

父亲进 ICU 后就做了核酸检测，当时医院每天只有 5 个检测指标，结果是阳性。按照规定，确诊为新冠肺炎的病人一律要转入金银潭医院，可当时接送病人的 120 急救车内已经有 3 位病人了，实在是装不下了，父亲就这样被意外地留在了五医院继续抢救。

父亲在 ICU 住了 8 天，最严重的几天发烧到 39℃，戴上无创呼吸机，不能动弹，但是意识是清醒的。

军人出身的父亲非常坚强。在隔离病房时，医生说一定要吃东西，增强免疫力。有一次丈夫送来了番茄炒鸡蛋和炒菜薹，当时我和父亲正上吐下泻，根本不想吃东西，但父亲拿起来一口一口硬往嘴里塞！

每次小便，父亲撑着虚脱的身体，艰难地从床上爬起来，颤颤抖抖地要自己来，绝对不用便盆。我知道，他是强迫自己保持清醒，不想麻烦我们，他要活下去！

进入 ICU 后，父亲只能吃点流质食物，并且虚弱到连续喝两口都喘不过气的程度，所以每次他只能一口一口地喝流食，有时还得戴会儿呼吸机，待呼吸稍微平复且血氧饱和度上升后，才能摘下呼吸机继续吃一口。

1 月 22 日，父亲的病情终于迎来了转机，高烧在减退，血氧饱和度也逐渐恢复正常，重新转入隔离病房。

经过治疗，我和母亲分别在 1 月 20 日、21 日相继出院。

在我出院前，老公因为连日奔波，发烧 38.9℃，头疼、全身发软，

晚上盖了两床被子，地暖开到最大，中央空调也同时打开，还冷得发抖。1月19日老公去医院做CT检查，结果显示右肺轻度感染，医生开了住院证明，但前面排队的人太多，住不进去。

边等边治疗！现在回想起来，老公的决定是明智的，与其在等待病房中消耗时间，不如积极争取每一个可以自救的机会。

感谢朋友们在我们一家最困难的时候伸出援助之手。早上5点，朋友到我家取头一天开出的针剂，去医院排队。当时五医院门诊大厅全是病人，只有3位护士打针，针药送到护士站需要排三四个小时。估计时间快到了，我老公再赶到医院，等针打完至少3个小时，每天从排队送针剂药到打完针水需要近10个小时。老公跟我说，五医院门诊打针同时排队的有近300人，输液处不停有病人和病人抢座位，发生摩擦，同时也有个别病人去抢护士站护士的座椅。

1月23日起，武汉市暂停运营公交、地铁和轮渡，24日除夕夜，赶着去医院打针的老公叫不到滴滴和出租车。当时我已经出院，无奈，只有拖着虚弱的身体，跛着一只脚，开车送他到医院。打完针，老公又做了CT，结果显示肺部有明显好转，带药回家隔离治疗。这算是连日来奔波中的好消息吧。

电话里，我听到医生的哽咽

有人说，一场疫情照出了人性的善良与卑劣。在我眼里，逆行不畏艰险的医护人员就是最可爱、最应被感恩的人。

疫情暴发，我在五医院隔离病房住院11天，看到医护人员冲锋在一线，救治大量的患者，马主任、许莹主任、龚一龙主任、林莹医生及许许多多我叫不出名字的医生和护士，他们每天都穿着厚厚的防护服工作16个小时以上。

春节前夕找不到护工，父亲的双肺感染，加之有支气管炎和肺气肿，病情不断恶化。1月13日的那天下午，父亲又拉又吐，将身上、床上及衣服全部弄脏；当时我正坐在轮椅上，有心无力。

隔离病房的医生和护士都了解我们一家的特殊情况，轮流过来帮父亲换衣服、床单、被子，穿着防护服的医生护士们来回奔跑，个个弄得满头大汗，护目镜里都是雾气。

第二天晚上，父亲血氧饱和度掉到80%以下、呼吸困难，上了监护仪和氧气机，晚上还增加了针水；护士医生一直守候在他身边。

许莹主任和管床的林莹医生还主动把电话号码告诉我，便于随时了解病情，并定时跟我打电话了解体温、饮食及身体状况，还经常宽慰我。

我知道很多医护人员连续作战也都生病了，他们的家人也有生病的情况，连日值班，他们根本没有办法照顾自己病重的亲人。

我出院没多久，许莹主任给我打电话，询问我和家人的身体情况，她在电话里说自己也生病了，在宾馆休息，她说因为病人太多太多，医生和护士都要崩溃了，希望有人给"战士"们一点鼓励，希望我能接受媒体采访，如实述说一家人治疗的经过。我毫不犹豫地答应了。

在电话里听到她的哽咽声，我也哭了。

挂掉电话，我忍不住想到自己一家人求医的艰难，医生难，患者也难，他们只不过想给自己和亲人找到一张病床，想活着，但当时的现实是，医疗系统早已难负重荷。

稳定情绪后，我马上写了一封感谢信，其实这封感谢信我出院后就开始写了，因为老公突发病情没有继续，当晚我一气呵成，每一句都是我的真情实感，凌晨2点发到了许莹主任的邮箱。

许莹主任对我说，这封感谢信对医护人员是极大的鼓励，在最难的时候，一声谢谢足以抚慰他们疲惫的心灵。

令人高兴是，父亲连续进行了两次核酸检测后，结果终于转阴，在2月15日晚上出院。

22天 3万余字日记见证我在方舱医院"重生"

/

讲述人:王金龙

/

大疫之下,无数普通人也通过自己的坚守,让更多人备感爱与温暖。63岁的退休老人王金龙就是其中一束微光,他写下3万余字的日记,记录方舱医院内医患同心战疫的点滴;他主动请缨当志愿者,为同病相怜的病友跑前跑后。他的文字感动了数万网友,他的乐观洒脱与奉献,更感染着许多身边人。

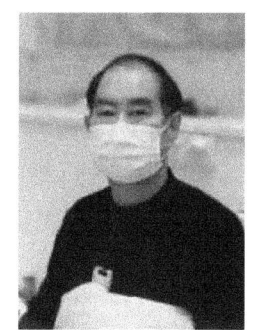

我是武汉市江汉区城管局的一个普通退休老头,3月的第一天,上午的阳光和我的心情一样灿烂。我终于走出了江汉方舱医院。踏出大门的那一刻,我心里五味杂陈,有满满的感激、重生的开心,也有离开这些"家人"的不舍。从2月8日至今,我在方舱医院里住了22天。

这22天,我经历了一次"重生"。

一餐团年饭让全家 4 人感染新冠病毒

我不知道具体是在什么时间什么地点感染的新冠病毒，如果非要追根溯源，我想最大可能就是那顿团年饭。

2020 年 1 月 21 日（腊月二十七），我和老伴带着 80 多岁的岳母和儿子一家人在餐馆吃年饭。当时听到过关于新冠肺炎的消息，但大家都比较乐观，我就没有太关注。

当晚回家后我感觉自己像是感冒了，浑身酸痛，特别是后背，痛得我一宿都睡不着觉，较以往任何一次感冒都厉害。次日，我便去药店买了连花清瘟胶囊、泰诺和阿莫西林，我想备些口罩，可口罩全都卖完了。从来没有遇到过这种情况，我有点慌，意识到危机要来了。

我连吃 4 天药后病情明显好转，便停了药。谁知刚过一天，又开始咳嗽起来，而且越来越厉害。我又接着吃药，发现没有效果。我加大服药剂量，还是没见好转，咳嗽时还常伴有打喷嚏，难受极了。我以为自己是得了重感冒，吃了泰诺。现在想想，那个时候我可能错过了最佳治疗时间，没能通过有效治疗把病毒扼杀在萌芽状态，而且服用泰诺有舒缓作用，很可能还因为这个掩盖了病情，现在想起来有点后悔。

让我更害怕的事发生了：老伴、岳母和儿子相继出现发热症状。

我们一家人辗转到了汉口中心医院，从下午 2 点直到次日凌晨才做完一系列检查。四人的肺部都有不同程度的感染和病变，由于用于确诊的试剂盒有限，当时我们一家均未被确诊为新冠肺炎。

2 月 3 日，我们在协和医院做了核酸检测。7 日结果出来了，双阳性。在武汉市发出"应收尽收、应治尽治"的通知后，我们一家人被分开隔离救治。8 日下午，我被社区送到了位于武汉会展中心的江汉方舱医院。

数万字日记写满医护人员"家人般的温暖"

与之前辗转求医、一床难求的情况相比,方舱医院内的环境好太多了,进入舱内的那一刻,我突然有了一种安全感。

这里的医生和护士都是从全国各地来武汉支援的精兵强将,负责我们病房的是贵州医疗队,他们让我感觉到"家人般的温暖"。这支由国家统一调度的医疗队中的人员全部是自告奋勇报名来的,90%以上的队员是"80后""90后"女生,70%的队员是中共党员。在他们身上,我看到了共产党员的担当和大爱。他们的付出,值得我这个有43年党龄的老党员学习。

病区建有医患交流的联系平台,病人可以和医生、护士随时交流。医生事无巨细,一天要查两次房;护士则有求必应,输液、送饭,甚至还要安抚部分患者的情绪。那些护士都很辛苦,经常忙得满头大汗,但也不能取下防护用品。我问她们怎么吃饭,她们说不能吃饭,水也不能喝。上洗手间也不行,大家都穿上了纸尿裤。

方舱医院里的一日三餐非常好,比家里的伙食都好,除了营养配餐外,还有水果、牛奶、糕点等,听外面的同事说,他们家里断荤很久了,相比之下,我们真的很幸运。

人年纪大了容易忘事,我怕我年纪越来越大,会忘记一些人和事。趁还记忆犹新,我决定用随身带的记事本每天记日记,想起来什么就记什么。

日记本里的内容很杂,每天都写得密密麻麻。

2月11日

一位刚入舱的老人觉得自己病情很重,开始时一直责问护士为什么不给自己输液,后来又要求转到大医院,一位小护士耐心为他测完体温又跟他解释，体温正常，没有明显异常反应，可以继续吃药观察。劝慰了大约半个小时后，老人的心情平静了下来。

2月12日

一名女患者，一天要和丈夫通几次视频电话。"不是才视频过吗？""已经几个小时没见了。"类似的对话，让我觉得很温馨，这是爱人间相互关心的另一种表达。

2月15日

一个偶然的机会，我听别人讲了医生抢救危重病人的事。

2月6日早晨约9时，一个刚进入方舱医院的女患者突然倒地不醒，听到其他同事呼叫救人的声音，正在西厅值班的贵州医疗队护理组长吴金融和护士刘文马上赶到现场，配合医生施救。两人跪在冰冷的地板上对患者进行心肺复苏和建立静脉通道，由于他们穿着密闭的防护服，又一刻不停地对患者进行高强度的体外按压，汗水从他们的护目镜缝隙里往下流，患者胸前的衣服都被医护人员的汗水滴湿了一大片，他们一直抢救直到救护车赶来。他们救人的样子很美。

2月21日

这个夜晚让我难以忘怀。病区中有一位五十多岁的中年人，因为原本就有脑梗疾病，他的病情相对较重，成了护士雷玉梅的重点保护对象。由于意识不清楚，病人时常有躁动现象，小雷怕他从床上跌下来，就整夜守在他的床边。好几次，病友的脚掉下床沿边了，瘦小的小雷就轻轻地将它搬回床上。小雷和我的孩子年龄差不多大，我看着她在病床边打瞌睡的身影，很是心疼。她也是别人家的女儿，却为了素不相识的我们，从千里之外的家乡逆行武汉。她是真正的战士。

2月22日

人闲长头发，手闲长指甲。好多病友的指甲长得很长了。今天，刘文来给我们量血压时，看见我的指甲很长，她到护士站拿出自己的指甲刀给我们剪指甲。我的眼睛不是特别好，她就帮我剪。她戴着护目镜，穿着防护服，其实挺不方便，但还是蹲下身子小心地帮我剪完。这一幕，如果不是在方舱医院，别人肯定以为她是我的女儿。我的眼睛湿润了。

2月23日

谁说"战争让女人走开"，这群白衣天使，义无反顾逆行而上，走进这没有硝烟的战场，与看不见的敌人厮杀，不获全胜决不收兵。

哪有什么岁月静好，不过是有人替你负重前行！我们这些病友能在这里康复得如此之好，要特别感谢江汉方舱医院西厅22区43房的刘文、帅应凤、徐基燕、王本学、雷玉梅、田秋丽几位护士。他们从白天忙到深夜，又从深夜熬到白天，我们一定努力配合他们打败病毒。

2月26日

虽然所有医生和护士都穿戴防护服全副武装，分不清模样，但时间长了，我和她们熟悉了，能从她们的语言风格和走路姿态甚至测血压扎袖带的松紧程度，分辨出谁是谁。什么是家人？这就是家人的感觉。他们对我亦如是。

加入志愿者，服务更多人

在他们的感召下，我加入了方舱医院志愿者团队。因为性格开朗，我被推选为第三党小组的小组长，医生护士需要帮忙的时候，我总是冲在前面。别瞧我年纪大，干起活来利索得很。

送饭、发药，各种跑腿，我比以前忙多了。前些天，有个爹爹刚入院，医生来问病情。爹爹说，人蛮不虚浮（舒服）。爹爹一口武汉话听得医生云里雾里，我赶忙到前面充当翻译，还用我自己的经历安慰爹爹。爹爹说，看我精气神这么好，他也有信心了。

跑前跑后让我的身体得到了锻炼，身心也放松了，没有时间去想病毒的事儿了，那些难受的症状竟奇迹般地消失了，我变得"不烧不咳不气喘，能吃能喝能睡觉"。

出院前我做了3次核酸检测，结果都是双阴性，那说明我体内没有病毒了。从患病到治愈，历时22天，被治愈患者的数字里，我知道有我。

以后和战友聚会一定要在他们面前吹一下，来自武汉的新冠肺炎患者好了，而且治疗没有花一分钱。

不被心魔打败就必能战胜病毒

回顾我的整个经历，我首先想表达的是感激，正是因为那些逆行的医护人员，我们这些病人才有动力坚持和病毒作斗争。我也反思了一些问题，供其他病友参考。

第一，无论有没有确定感染这个病毒，大家一定首先要平和自己的心态：如果病魔是四分的话，心魔是六分。尤其是对于我们这些高龄老人来说，由于很多人本身就有基础性疾病，得上这种未知疾病时，容易背负沉重的心理负担。一旦背负了过重的心理负担，免疫机制可能会受到影响，身体就会陷入一种恶性循环，不利于我们抗击病毒。

第二，不要过分集中精力关注疫情和与病毒有关的信息，不要在身体出现任何轻微的不适时做心理暗示——仔细对照该病毒引起的症状逐一对应。不要长时间玩手机。要调整生活节奏，尤其是要保证良好的睡眠。

第三，如果不适症状增多并且持续加重，应当尽早考虑去医院检查，如果条件允许，最好尽快确诊。同时，有一个极为重要的注意事项：和家人彻底隔离。

第四，从目前统计数据来看，感染人群主要集中在老年人、存在基础性重大疾病以及免疫系统有缺陷的这三类人群，他们容易出现重症或者危重症，甚至死亡。

第五，不论是不是为了抗击新冠肺炎，我们在以后的生活中都应该注意个人卫生和公共卫生：勤洗手，必要时戴口罩，勤消毒、通风；不要食用野生动物；等等。希望这次疫情对于我们来说，是一次"卫生启蒙"。

我所热爱的城市和家乡已经陷入某种"非正常"状态很久了，这里的人们都经历了或者正在经历着人生中可能最为煎熬、最为特殊的历史时期。唯愿我们早点战胜疫情，唯愿我们早点和这个世界重归于好！

女汉子战疫 26 天，在病房起舞"不放弃"

/
讲述人：黄继惠
/

号称"女汉子"的黄继惠，怎么也没想到自己会感染上"新冠"这个病毒。就是不服输。在与病魔抗争的 26 天里，她积极主动自救的同时，也得到来自单位和医护人员的帮助，最终逃出病毒魔爪。

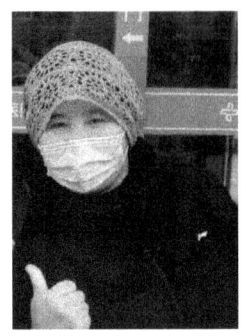

我是中交二航局一线的宣传干事，年届 55 岁，有人形容我"一头短发，英气逼人"，我干起工作，如少年般一往无前，常年奔走于各个工程项目建设一线，拍摄了大量建设者的照片。同事都叫我"女汉子"。

在刚刚过去的这个冬季，我用 26 天，逃出病毒的魔爪。

病来如山倒

时至今日，我仍然难以确认自己是何时感染新冠病毒的。

1 月 16 日，我还在福建片区拍摄"工地年"贺岁片。1 月 22 日，武汉"封城"前一日，我突然感到腰部、胸部肌肉拉扯的痛，痛得快要岔气了。我以为是自己得过的带状疱疹旧病复发，立刻开车前往药店，发现药店关门了。随后，在协和医院西院区，挂号人员告诉我"只挂发热科"。

最终，我挂上了急诊号，在皮肤科拿到了用于治疗带状疱疹的抗病毒药物。拿药时，从窗口挂号人员那里听到一个令人不安的消息。

"从明天起只挂发热科，急诊也不挂了。"

1月23日，我在服药后，疼痛有所好转。第二天，却发烧了，38℃多。

为了防止传染给家人，我独自开车来到协和医院西院区发热科，发现自己的号前面还有200多人排队。

几个小时里，四肢酸痛、头痛、恶心等症状在我身上一一出现。

当天下午，我拿到自己的CT检查报告，上面写着"右肺感染病变，病毒性肺炎可疑"。医生很肯定地告诉我："你感染了新冠病毒。"

从1月24日这天起，我就天天到医院排队打吊针、回家吃药，正式开始了与病魔斗争的历程。

战疫不屈

2月3日，我的CT报告显示，病情更加严重了——病变范围增大、密度变密实。我开始明显感觉到深呼吸时肺部有刺痛感，胸闷，吸气时胸口隐隐作痛。这种病毒没有特效药，只有靠自身免疫力来战胜病魔。

我就不服输！我开始自救，每天不停地喝水，用艾叶、生姜煮水泡脚，就算拉肚子，也强迫自己每天吃下两个水煮蛋，喝一杯热牛奶。微信群里，有同事发来预防"新冠"的中药帖子，我老公到药店照方抓药，同时我大量补充蛋白粉、牛奶、维生素C含片等有利于增强免疫力的食物、药物。甚至还买了人体免疫球蛋白。

为了能做核酸检测，2月4日，女儿开车，老公陪着，我们全家去了同济医院。

在同济医院发热科里，排队就诊的人可谓是人山人海，医护人员的身影被淹没在人群里。

我拽上老公和女儿，赶紧夺门而出。

我觉得，这场与疫情的搏斗不亚于世界大战，而医护人员就像不顾生死、冲锋在前的战士。

从同济医院发热科出来，天色渐晚，天上下着小雨，到处停的都是来就诊的车。那场景让我终生难忘。

从确诊开始，已经过了10余天，我感觉自己的病情一天比一天严重，胸闷气短，伴有刺痛感，不能深呼吸，上一层楼梯就累得喘粗气；腹泻，吃不下饭，四肢酸痛无力，心脏一阵阵发慌，最难受时，整个人像飘浮在空中，简直魂不附体。

我开始担心我有什么不测，老公也急得团团转。

峰回路转

2月5日，我继续在协和医院西院区排队，准备打吊针，听说"这里可以做核酸检测了"，老公赶紧去挂号。医生在我舌根取了样。回到家中，社区打来电话，通知我住院，老公也被通知去宾馆隔离。终于能住院了，我松了口气，觉得全家人都有救了。

当天下午，我就住进了武汉东苑中西医结合医院。早中晚检测体温，查血样，一日三餐护士送到房间，做CT再不用排队。躺在床上吸着氧，有什么不舒服按一下铃，护士马上过来。

这里的医生和护士都很有耐心，每天早晨，护士推开门第一句话就是："阿姨，吃早餐了。"她把早餐放到我桌前，问我感觉好些没，我回答"一天比一天好"，她就对我竖起大拇指，"你真棒，加油！"虽然她穿着防护服、戴着防护镜，我看不见她的面容，但通过她的眼神，能看到细心、温和，给人以信心。我当时就在想，我要有儿子，一定要娶她当媳妇。

我还加入了医院病友群，群里的4位医生每天都为病人耐心地答疑解惑。

当我第一时间将自己被感染的情况报告给公司后，中交二航局包括董事长由瑞凯在内的领导、同事纷纷来电，问候病情。人力资源部部长余虎告诉我："安心住院，工资照发。"我还先后收到局工会、分公司工会、党委工作部发的慰问金。

打开手机微信都是同事、朋友鼓励我的话语。2月8日，我收到二航局西北分公司经理秦词峰发来的"雪中梅花"照片和祝福留言：风雨送春归，飞雪迎春到。

期间，社区志愿者还常常打来电话，询问我的情况，告诉我有什么需求可以直接联系他们。

这次疫情使我深深体会到大家庭的温暖。我不能倒下，不能辜负大家的期望和关爱，我还要重新拿起相机，因为还有诗和远方。

住院期间，在护士的推荐下，我加入了沌口开发区"抗疫隔离"病友群，大家在微信群里互相交流体会，分享治疗的过程。当我发现楼上的一个病友情绪非常低落时，病情已经好转的我在病房内为他跳了一段《不放弃》，并制作成抖音视频，发在群里。

住院部从一楼到五楼的病友都在看我的抖音，病友都竖起大拇指说要学习我的乐观精神。

战胜病魔

2月12日，我的CT报告显示"病灶有所吸收"。这是我从发病以来听到的最好的消息。我赶紧将这个好消息告诉家人和牵挂我的同事。

2月18日，CT报告显示"病变明显吸收好转"。

2月19日，医院通知我两次核酸检测都是阴性，让我准备出院。

从1月24日发病到2月19日出院整整26天，我像经历了一场战役，终于胜利了！

鬼门关前走一遭，才明白人间真情的可贵，刻骨铭心！永生难忘啊！

这场战疫使我们更加团结，让我们经历成长，不必抱怨，世事本无常，管他灾难和明天的太阳哪个先来，只要我们乐观地走下去，就不枉来这世上走一遭。守护好我爱的人，致敬爱我的人，人生廖廖不过如此。

向逆行在一线的医护人员致敬，为在这次战疫中牺牲的和被病魔夺走生命的人哀悼。

愿天堂只有欢笑。

两次与死神擦肩，我对人生再无抱怨

/
讲述人：晏运泉
/

65岁的武汉太婆晏运泉，胃癌早期患者，确诊新冠肺炎后，她以为一辈子的运气都用完了，在医护人员的鼓励下，不仅"没完"，她还站起来了，还能够帮助其他患者。

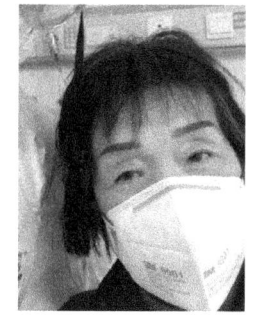

3年前，我因为胃癌早期动过手术，胃部切除了大半。3年后，因为新冠肺炎，我又一次感受到死亡的威胁。我以为自己倒霉，直到住进医院之后，我才知道自己是多么幸运。

一起住院的病人走了，我以为自己也要完了

可能是我身体不好吧，12月10日左右，我就开始生病。

3年前我动过一次手术，胃癌早期，胃部切除了3/4。我还记得，当医院确诊是癌症时，我的腿一下就软了。手术后，我身体一直不太好，体重从120斤锐减到90斤，万幸的是癌细胞没有扩散，我逃过了

死神的魔爪。

2019年12月10号,我喉咙发疼,似有些感冒症状,去附近的医院打了5天吊针。可能是身体底子差,打针不见效,反倒开始发烧了。医生开了退烧药,我吃了后好了两天,然后又开始烧。反反复复五六天,我开始浑身疼,吃不下东西,吐得厉害,没有一点力气。那个时候医院里人多,医生让我尽量在家治疗,我只能整天躺在床上,虚弱得连眼睛都不想睁开。没办法,只好又去医院排队拍了CT,医生说我的肺部有问题,但是住不进医院。我爱人辗转把我送去肺科医院,又拍了一次CT。医生看了我的CT结果,对我说,再不住院就没命了。

那天是12月27日,当时医院没有床位,给我开的留院观察。我睡在医院的走廊上,发着高烧,不能动,人昏昏沉沉的。到了晚上10点多钟,医生来通知我住院。后来我才知道,医院被划成定点医院了,别的病人都转走了。

当时一起留院观察的有5个人,每个人拿着简单的生活用品,我们从一楼爬楼梯到四楼病房,都是身体不好的,走两步喘几口气,跟残兵败将一样。

第二天,我们这5个人中有2个走了,就死在病床上。我们的病房也上了锁,说是要隔离消毒,病房一下子笼罩在压抑的气氛中。

我给爱人打电话,第一句就是"完了,我怕是回不来了"。当初知道患癌症时的心慌和腿软的感觉又来了。

想到来之不易的治疗机会,我强迫自己有啥吃啥

在我住院之前,我对新冠肺炎的了解很少。住进医院后,每天看网络上的新闻,我才知道武汉的情况原来这么严重,这个病毒原来这么厉害。

我一方面觉得自己太倒霉了,胃癌后身体刚刚有一点恢复,又染上这个病毒;另一方面又庆幸,在一床难求的时刻,居然幸运地住进了医

院。还有一件最幸运的事，在我以为自己感冒之后，怕传染给孙子，及时地把他送到了儿子媳妇那边。所以到目前为止，我们家就我一个人得了新冠肺炎。

医生每天来查房，叮嘱我们多吃点饭，保证营养才能提高免疫力。开始时我吃不下，但是一想到那两个"走了"的人，想到自己来之不易的治疗机会，我就强迫自己吃，医院送啥我吃啥。胃不好，咸的辣的都不能吃，我就用开水洗一洗再吃。

大年三十，护士给我们送来水饺。小姑娘们说："今年的三十你们回不去，安心在这里住着，过个特殊年。医院特意为你们包了饺子，祝大家春节快乐！""快乐什么？快乐个鬼哦。"我们几个嘴上嚷嚷，心里却是暖暖的。

1月份，病房里又住进来一个70岁的婆婆，病情较重，上吐下泻，还上了呼吸机。她老伴也是感染病人，在医生的同意下就在病房陪护。婆婆呼吸困难，睡觉只能坐着，爹爹就在她病床旁边，拉着她的手，一整晚一整晚陪她坐着。有时候婆婆睡不着，爹爹就小声跟她说话，鼓励她。因为生病，其实婆婆脾气不太好，只有在爹爹和她说话的时候，婆婆才会乖一点，总是点头回应爹爹。我看着这一幕，莫名地被感动到。婆婆是个大块头，爹爹总是帮她翻身擦洗，一大把年纪的婆婆，只有爹爹才能哄得好，像个伢一样。

抢救了半个月，婆婆还是没扛住。她走了。爹爹离开的时候，边抹眼泪，边替婆婆道歉，说吵扰了我们。后来，我听说，他们的儿子也被传染了，也在这家医院住着，真是可怜。

在医生的鼓励下，我用乐观对抗病毒

关于医生护士，我只能说两个字：真好。

住院初期，我情绪低落。有天早上，医生来查房，我听到医生叫我的名字，声音有点耳熟。医生护士们都戴着口罩、护目镜，穿着严实的防护服，真认不出谁是谁。"我是熊医生啊，记得吗？我是来这里支援的。"熊武忠医生是中日友好医院的医生，医院就在我家附近，我经常去那里看病。熊医生人很好，30多岁，说话轻言细语，对病人很有耐心。在这里能碰到他，让我产生了安全感。从那之后，每次熊医生来查房都会跟我开几句玩笑，还让我多吃多睡，别的不要想太多。整个治疗期间，他给了我很大的鼓励，让我慢慢甩掉了思想包袱。我发现对抗新冠肺炎，意志力非常重要。那些被治好的病人，都是积极配合治疗，乐观向上的人。

隔离是孤独的，这时最需要积极的心理，在这一点上，我特别感谢熊医生。

那些护士小姑娘也让我十分感慨，她们真的很不容易。"90后"的小姑娘，生活中娇滴滴的，还是跟父母撒娇的小公主。但是在这里，什么脏活累活她们都做。隔离病房，病人有事，都是按呼叫器，按一次，护士就来一趟，每天不知道要走多少路。我们病房那个病重的婆婆，生活不能自理，刚转来的时候没人陪护，她在床上吃、床上拉，还在床上吐，那个味道，说实话，我们病房的人都受不了，都是护士来处理。她们给婆婆端屎端尿，帮她清理呕吐物，不仅没有怨言，还轻言细语地鼓励婆婆振作。

等待出院的日子，我成了病房的"劳模"

治疗过程中，最多的就是打吊针。一开始，每天打五六个小时的针，上午下午还要按时吃药。我没有出现过呼吸不上来的症状，就是发烧烧得浑身没劲。后来上了药，烧退了，我就有精神了。慢慢地，我的针开始减少。有过一次癌症治疗经验的我知道，针少了说明我已经在恢复了。

我焦急地等着出院的日子，医生也跟我说我的肺部状况不错，就是每次核酸检测还是阳性，还得继续住院观察。

我成了病房里的"健康人"，每天好吃好睡，精神很好，时不时伸手帮一把病友。有的病人上下床没力气，我会帮忙扶一下；想拿什么东西，我帮忙取一趟。

有天晚上，我刚泡完脚，旁边一个病友很羡慕地说："我进来好几天了，没力气打水，其实我也想泡个脚。"我说："你先坐着，我去帮你打水。"泡脚的时候，她感叹道："还是要身体健康啊。没想到，一生病，连泡脚都成了一种奢侈。"我朝着她笑，说："肯定会好的，只要听医生的话，乖乖配合治疗，你又不是重症，年纪比我还小，绝对能治好。"后来，她治愈了，还在我前面先出了院。出院的时候，她把两大罐蛋白粉留给我，让我补充营养。

有一天，旁边病床的一个婆婆把尿盆打翻了。当时清洁工在休息，我这人喜欢干净，等不得，就找护士要来消毒液，把病房全部打扫、消毒了一遍，觉得舒服多了。从那以后，我就自己清洁病房，反正我闲着，能自己做就多做一点，这样也可以减少护士和清洁工的工作强度。

病房外的走廊上有一排绿植，在这种特殊时期，每个人都忙得团团转，没人管它们，都快蔫死了。我觉得蛮可惜，病房里有点绿色多好呀！我隔一天给它们浇浇水，没想到又把它们救活了。

医生护士看我忙活，笑着说："哟，你又忙啊，可以当劳模了。"我也开玩笑道："是啊，医生，我表现这么好，您什么时候放我出去啊。"

2月10号，我在肺科医院住院的第46天。医生早上查房，第一个喊了我的名字。我当时有预感，跪坐在床上，期待地看着医生。"你觉得你能出院了吗？"医生严肃地说。还没等我回答，他自己绷不住先笑起来："恭喜你核酸检测转阴了，今天就可以出院了。"我兴奋得不得了，跪在床上双手合十对着他磕了个头，控制不住地喊起来："我'老赖'终于要出院了！"

那天，爱人也到医院来拿最后一次检查结果，显示是阴性，证明他没被感染。儿子开着车把我们俩一起接回了家。

40多天后，我们一家人终于又平安团聚了。两次死里逃生，我想从此我对人生再无抱怨。

丈夫去世后，11岁女儿在方舱医院照顾我

/

讲述人：兰君

/

这本是一个幸福的三口之家，爸爸、妈妈和11岁的娇娇女儿。不承想，男人被新冠病毒夺去生命后，女人和孩子也被确诊。女人情绪崩溃，宝贝女儿却一下子成长了，她抱着妈妈说："您还有我！"

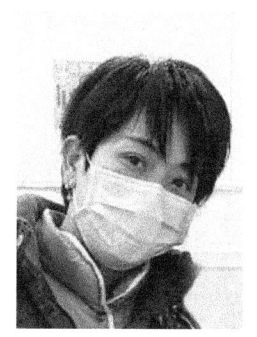

一切都要从1月24日晚上那天说起。我想起那一天就会觉得心口疼，仿佛刻在脑子里。那天是大年三十，本来是阖家团圆、欢欢喜喜的日子，丈夫老陈却忽然发烧了。而我的孩子悠悠才11岁，却因为这场灾难，失去了最宠爱她的爸爸。

那一天，我连老陈的最后一面都没见着

老陈发烧后，我们有点担心，当晚就去了武汉市第一医院看发热门诊。医生给老陈查血，看了结果后，就开了一点药，让回家吃。两天

后,药吃完了,老陈依旧没退烧。我们向社区反映,工作人员让继续开药。我们戴上口罩,去了社区卫生院,开了连花清瘟胶囊之类的药。老陈在家里又吃了两天药,每天量体温,依旧是高烧不退。

我们有点着急,决定再去离家较近的武汉市肺科医院看看。在医院,拍了片子后,医生也没多说什么,给老陈开了4天的吊针。第一天,老陈打完针后,烧退了,但是咳嗽得很厉害。第二天,老陈回来吃饭,端碗的手一直在抖。第三天下午,老陈忽然给我打电话,让我下楼去接他,说他实在爬不动楼了。我赶紧跑下去。老陈整个人都靠在我身上,我扶着他上楼,听到他呼吸很重。他说打吊针时觉得整个人心慌气短,护士给他吸了氧气,但是打完针后没让他住院,也没给他确诊,还是让他回家了。

那天是2月1日凌晨。凌晨1点,11岁的女儿悠悠开始发烧,烧到38℃多。我慌了,老陈这个样子,女儿又发烧了,怎么办?我给女儿吃了退烧药、消炎药,还有感冒药。凌晨4点,老陈推开女儿房间的门,对我说:"我难受,呼吸困难,已经打了120急救电话。"他说,我自己下去,你不要跟去了,就在家里看着女儿。

因为担心女儿,我没有跟着老陈下去,但是一颗心始终悬着。过了半小时,我给老陈打电话,他不接。我心里想:怎么回事呢?过了一会,我又给老陈打电话,他还是不接。我急了,一个人跑到楼下,在马路上找了一圈,没见到老陈,当时内心还暗自庆幸:肯定是120救护车把他接走了,不方便接电话。

早上7点多,我接到一个电话,说:"你的丈夫陈先生,确诊新冠肺炎,已于2月2日早上去世了。"我当时整个人都蒙了。女儿悠悠还躺在床上,烧已经退了,人还有点有气无力。我说:你爸爸可能出事了。她说不会的,让我赶紧去问问怎么回事。我把悠悠一个人丢在家里,直接去了医院。

在医院,我想去看一下老陈,医生不让看。当时我内心那个难受劲儿,听说老陈打针时已经喘不过气,可是没有床位,住不了院。老陈就那样走了。我连他最后一面都没看到。他一个人到底经受了什么？我不知道！我想大哭，可是哭不出来。这是一场大灾难，不仅仅是我的灾难，闹了哭了能有什么用？大概也挽回不了什么，还可能耽误医院的工作，毕竟那么多人在等着救治。

她还是个孩子，却比我更坚强

我浑浑噩噩地去了医院，连老陈最后一面都没见着；我又浑浑噩噩地回到家，整个人像在梦游。上午10点多，我推开家门，悠悠躺在床上等我，见我进来了，就不停地问："妈妈，爸爸呢？爸爸呢？"我一下子崩溃了，大哭了起来："你爸爸没了！"

我还记得，悠悠当时尖叫一声，从床上跳下来，朝我扑过来。我们娘俩抱头痛哭，悠悠不停地说："不会的！妈妈，不会的！"我们哭了很久。我完全顾不上孩子的情绪，一直都沉浸在悲痛中。我跟悠悠说："你父亲走了，这让我们怎么过？"

伤心、难过之余，我开始恐慌。老陈是新冠肺炎走的，我和悠悠都是密切接触者，悠悠还发了高烧。我们会不会被感染上？庆幸的是，悠悠的高烧退了，我也没有明显症状，也没有觉得哪里不舒服。但是我还是很慌。

我们开始在家隔离。我每天给社区的工作人员打电话，要他们安排我们去做核酸检测；每天我和悠悠按时量体温，看看有没有发烧。

悠悠的性格一直很开朗，以前在家里备受宠爱，甚至有点娇气。老陈到了50多岁才有了悠悠，所以特别宠她，基本上是要什么就给什么。悠悠这么大了，从来都是衣来伸手、饭来张口；冬天，老陈一定会将刷牙水兑好热水，才递到悠悠手中。为这些小事情，我和老陈不知道吵过多少次架，我不想他宠着孩子。可是现在，最宠悠悠的老陈走了……

每天胡思乱想，然后整夜整夜地不睡觉，我常常流泪。自从老陈去世那天我们抱头痛哭后,悠悠仿佛一下子长大了。她不哭也不闹,看着在家里流泪的我,会抱着我说:"妈妈,你要坚强,还有我呢!"

在方舱医院的15天,悠悠带我走出悲痛的深渊

老陈去世后,我在家里又痛苦,又紧张,又害怕,整个人快崩溃了;要不是想着有悠悠,可能我早就撑不住了。2月7日,社区的通知来了,说有一个做核酸检测的名额,让我们赶紧去,我就赶紧带着悠悠去了。8日,我也排上了核酸检测。两人的核酸检测结果显示都是阳性,社区将我们转到定点酒店去隔离。

2月11日晚上,我和悠悠去了方舱医院。来接我们的护士走过来问:"怎么这么小的孩子都来了,是家里没人照顾吗?"我说,孩子的父亲因为新冠肺炎去世了,我们两人都被传染上了。医生特别心疼悠悠,但是悠悠表现很疏离,也不是十分想搭理人。

我能理解悠悠的这种情绪。去方舱医院,我最初也是很紧张的。这么多人聚在一起,会不会有的人病症很严重,会使我们的病情加重呢?方舱医院里全是成年人,就只有悠悠一个孩子,她能不能适应这里?最初的两天,方舱医院的管理还没有理顺,每个人都手忙脚乱。我抱着悠悠坐在病床上,不让她到处乱跑,也不让她和陌生人讲话。因为不熟悉情况,我带她一起打水、洗脸、洗脚。她也很乖,一直都跟着我,不离左右。

不得不说,悠悠的表现的确让我惊讶。两天之后,她熟悉了情况,开始自己去打热水,去洗手间洗脸、洗脚。我背部一直很疼,悠悠知道后,就给我打洗脚水、捶背、按摩。

悠悠学习上也很自觉。她现在上小学五年级,每天定好闹钟,自己戴着口罩趴在简易的床头柜上,对着手机上网课、写作业。从她上小学一年级起,我对她的学习就抓得很紧,让她养成了良好的学习习惯。现

在，她的学习成绩在班上还不错。最近几天，老师知道她的情况后，也当着同学们的面表扬她，说她在这么艰苦的条件下还能坚持学习，而且作业做得很不错。悠悠跟我讲了老师表扬她的事情，我能听出她内心很在乎老师的评价，还有点小开心。

医护人员也挺关心她。我们方舱医院里来的都是山西的医生和护士，她们总是给孩子带一些零食，像牛肉干、饼干都带了好多。方舱医院里给的药适合成人服用，于是医生专门给悠悠制订了用药方案。有个医生还用英文和悠悠对话。因为大家的关心，悠悠也慢慢变得开朗起来。

在方舱医院的几天里，我觉得悠悠和大家熟悉后，笑容多起来了。她有礼貌地和大人们打招呼；病友们一起聊天，说起彼此的病情，有些病友挺担心的，悠悠会鼓励她们："不要着急，都会好的，都会出去的！"我们听着悠悠像小大人一样讲话，都会开心地笑起来。很多病友跟我说，他们进来后，看见悠悠每天通过手机直播，按时上课、按时写作业，每天还和我一起遛弯、给大家唱歌，内心的恐惧、孤独和焦虑都慢慢缓解了。

《长江日报》的记者采访了我，写了关于悠悠的报道。悠悠看了报道后也很受鼓舞，心情上很放松。其实我想说，老陈去世后，是悠悠的坚强和乐观让我走出了悲痛的深渊。为母则刚，我也要面对现实，学会放下和接受，以后我和悠悠相依为命，我要比她更坚强，和悠悠一起过好以后的生活。

拒绝媒体的"读书哥",站出来帮我照顾儿子

/

讲述人:李甜

/

43岁的单亲妈妈,一家四口感染新冠肺炎。母亲不幸病逝,父亲、儿子和她都进了方舱医院治疗。儿子最快痊愈出院,但她和父亲还在治疗中,谁来照顾儿子成了大难题。这时,无意中走红网络的方舱医院"读书哥"站出来承诺:"我来照顾他。"

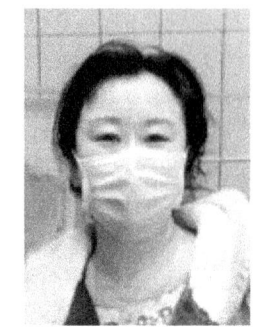

我叫李甜,43岁,在武汉某区税务局工作。1月25日下午,我开始咳嗽。次日,母亲、父亲、15岁的儿子,逐一出现咳嗽、发烧、无力等症状。

1月31日,母亲感觉自己非常不舒服,我以最快速度将母亲送到医院。接下来的几天里,我们一家四口相继通过核酸检测都确诊得了新冠肺炎。

2月5日凌晨2点38分,母亲最终没能熬过去。我在空荡荡的病床前,一直坐到天亮。

我们一家人与网红"读书哥"同舱，他低调且细心

我、父亲和儿子相继住进了江汉方舱医院。

进入方舱医院后，似乎心里有底了。为了让自己从母亲去世的巨大痛苦中走出，我让自己忙起来，忙起来就什么都不会想，于是，我做起了"江汉管家"——方舱医院志愿者，帮助护士分发食物、力所能及地照顾一些患者的生活起居、将患者的需求转达给医生和护士、线上开会等等，都成为我的住院日常。

71岁的父亲是糖尿病患者，每天的饮食上有一些特殊要求，一位叫陈康的志愿者得知这个情况后，主动向有关部门报告。现在，父亲每天都能吃到可口的饭菜，这样，他的营养够了，抵抗力也能跟上了。我在做志愿服务的同时，也有人帮助我的家人，真的很感动。

我还认识了媒体上报道的那位方舱医院"读书哥"——付博士。当时网上很火的那张图片上，方舱医院"读书哥"的后方就是我的父亲，我儿子也出现在这张图片中。2月6日，他们一起进入方舱医院内的同一病区。20天相处下来，友谊深厚。在方舱医院里，大家就像是一家人，彼此照顾。

我眼中的付博士是一个低调且细心的人。有一天，他突然对我说："你父亲夜里总是咳嗽，你还是要多注意。"原来，父亲在夜里的一举一动他都看在眼里，记在心里。

儿子要出院了，谁来照顾他？方舱医院"读书哥"向我伸出援手

最近，儿子病情好转，马上就能出院。但是新的难题来了，我是单亲妈妈，我和父亲还不能出院。儿子出去后，谁来照顾他呢？我万分

忧虑。有一次我去父亲、儿子所在病区说起时,一旁的付博士大声对我说:"你放心!出院后,我照顾你儿子!我和你儿子一起出院!"他又补充道:"还不放心?如果出院14天后,我和你儿子解除隔离了,你和你爸爸还没出院,我就把你儿子带回家照顾一段时间,这下放心了吧?"我没有应答,默默转过身去,眼睛里已经溢满了感动的泪水。

2月26日下午,付博士又跟我说:"如果出院后隔离,我每天会控制你儿子看手机的时间,我会让他将更多的注意力放在学习上。"我觉得这很难做到,但他很有信心地对我说:"我侄子就被我训练过,有成功的例子!"

在隔离点,付博士和儿子住一个房间,时时微信报平安

2月28日下午,儿子终于出院了。虽然这是长久以来期盼的好消息,可是真到了这一刻,还是很担心。给儿子收拾日常用品时,付博士站在我和父亲身旁说:"你们别担心,有我在!"

不知什么时候,父亲将付博士拉进了我们家的微信群,群名是"家的味道"。我明白父亲的用意,这样的特殊时期,病毒无情,但一个陌生的病友却这般温暖着我们一家人,他真的如"家人"一般,明白我们心里最担心的是什么,给了我们全家人坚持下去的希望和力量。

下午4点30分,去往隔离点的车还没开走,儿子和付博士已在车上。在方舱医院内,我和父亲隔着玻璃张望外面的情况。突然,手机响了起来,"家的味道"微信群里,付博士说:"你和老爷子先进去吧,江汉区今天下午出舱的人不少,要等一会儿才能出发。"原来,我和父亲的每一份担心,他都明白。

到达隔离点后,付博士在群里发来:"我和孩子一个房间,两张床,还不错,有空调、热水。"短短几句话,把我们关心的事儿都交代清楚了。

晚饭后，手机再次响起来，付博士发来："刚把空调打开，等会儿让他洗澡。"一条又一条微信发来，我和71岁老父亲的心才慢慢放下来。

夜幕悄悄降临，我再次翻看微信群的聊天记录。这一个月以来经历的点点滴滴，历历在目。我想，也许只有我更加坚强地活下去，才是对这些善良最好的回报。

你们是借来的,要一个不少地还回去

/

讲述人:万春晖

/

自由职业者万春晖,热衷公益,家庭和美,以为日子本就该这么美满幸福。在火神山医院治疗期间,他坚持记录病中经历,记下与病友互帮互扶、与医护人员亲如家人的点滴日常,发到网上,给许多患者传递信心和希望。

我今年45岁,我们一家生活在武汉,我从来没有意识到,对这座城市爱得如此深切,直到遭遇这场无妄之灾。

我特别怀念疫情发生之前的日子。每天,买早餐、送孩子上学、自己在家写点文字、悠闲地喝茶、买菜做饭,一家人虽然有时候吵吵闹闹,却也是生活的乐趣。

大年三十那天,我突然出现发热症状,让我猝不及防。接下来的一个月,我先后在汉口医院、武汉市中心医院、火神山医院治疗,经历了生命中最艰难的时刻,2月20日我终于战胜病魔出院了。

火神山医院,是全世界聚焦的一个充满传奇和生命奇迹的地方,在这里,我体验了许多从未有过的经历,我将这些经历写成日记,分享给网友，很多病友从中获得战胜病毒的力量，我也在人到中年之时，再次感受到成长的历练。

2月4日 星期二 晴

2月4日上午，运送第一批患者的救护车来到武汉市中心医院接患者，随即我就被接上了车，车子一路飞驰，到达火神山医院。

下车时，火神山医院的医护人员给每位患者配了轮椅，但我坚持要自己走路。我一步一步走过长约80米的过道，进入病区。

进了病房，护士马上给我上了监护设备，并且给我吸氧。医院里面的环境和诊疗条件都挺好，所有的设施都是新的。一日三餐也很丰富，有荤有素，营养有保障。

家人看到我这里的情况后都很放心。可是我很担心他们。此前，我和妈妈、妻子、女儿4人一起居住。我妈妈也被确诊，目前被安置到隔离点。妻子也曾发烧和咳嗽。

医护人员工作很细致，看了我的病历，问了我很多情况，包括之前吃了哪些药、每天的饮食情况等，根据我的情况制订了具体的诊疗方案。

2月6日 星期四 小雨

今天是我发烧的第十三天，住院第八天，住进火神山医院的第三天。

早上醒来后测体温，低于37℃，咳嗽症状也减轻了些。今天中午，医护人员给我注射了两种药，两瓶药水打下去后，我就昏睡过去了，等醒来的时候已是傍晚，感觉精神好了很多。

昨天下午，同病房里又收治了一位患者，是位70岁的老爷子，进来后一直戴着氧气面罩大流量吸氧，血氧饱和度还多次报警。

2月7日 星期五 阴

早上刚醒来，护士就来测体温了，36.6℃，血氧饱和度也是正常水平。

最近太多朋友私信我，说自己也发烧咳嗽了，担心是不是感染了新冠肺炎。我不是医生，只能就自己生病的体会来说一下。这个病首先是发烧，我初期发烧37.5℃，后来体温慢慢升高。再一个就是咳嗽。

2月8日 星期六 晴

今天比昨天又好了一些，说话速度慢一点，咳嗽就不那么厉害了。胃口也好了很多，饭量明显增大。

昨晚基本上没怎么睡，因为旁边病床的老爷子呼吸状况不太好，我总是被心电监护仪的报警声惊醒，好几次跑去找护士查看。

今天我的输液已经停了，留置针也拔掉了，医生给我安排了两次雾化，缓解我的咳喘现象。口服药仍然是一天三次连花清瘟胶囊，以及每天睡前一次氯雷他定片。

妈妈仍然住在隔离点，正在排队等着做核酸检测。我跟老婆说，在我患病的时候得到了国家和社会的帮助，等我病好出院了，我要去帮助其他人。老婆很支持我，她说，你去吧，希望能给更多的家庭带来希望。

2月10日 星期一 小雨

早上6点半被护士叫醒量体温，36.4℃，在没吸氧的情况下，血氧饱和度也能保持在95%。不过仍然还是有想咳的感觉，我尽量不说话，这样咳嗽就会少一点。嗓子发干的时候，我就多喝水。

许多媒体报道我之后，整个火神山医院都知道我了。医护人员说，我现在是这里的模范病人了，我的坚强乐观和不向病魔屈服，给了很多患者信心和鼓励。

和我同一个病房的老爷子状况还是不太好，每次吃饭的时候，我都得找护士帮忙把他的氧气面罩换成鼻导管。下午6点多，老爷子下床上厕所，担心他在里面出问题，我每隔两分钟就催他一下，大概10分钟他才出来，却重重地倒在了床上。我赶紧把氧气面罩给他套上，并叫来了护士，把氧气调到了最大，经过一个小时，他的血氧饱和度才勉强回到80%。

2月11日 星期二 阴

今天早上，护士来给我做核酸检测的咽拭子。下午，医院告知，早上采集的样本不合格，得重新取样，看来出院的日子还得拖后了。核酸检测必须取下呼吸道的样本，稍不注意，所取的样本就达不到检测要求。

我们病区又来了13个病号，原先每个房间两个人，现在大部分房间变成三个人了。

2月13日 星期四 晴

现在是早上7点，是我来到火神山医院的第十天。早上护士又给我抽血化验了，我很清楚，这是为了检测我体内的淋巴细胞比例是否恢复正常。

下午，我拿到了核酸检测结果，很遗憾，还是阳性……不过现在，除了每天下午还有一点点咳嗽外，别的症状都没有了。

但是我隔壁床的老爷子现在状况却不太好，血氧饱和度始终徘徊在80%左右，下午差一点转去ICU。我能做的不多，只能尽量哄他睡觉，这样他平静下来，会好一些。

2月14日 星期五 雨

现在是凌晨4点，旁边病床的老爷子的心电监护设备突然发出凌厉的报警音，我猛然惊醒，扭头一看，50！再定睛一看，原来是老爷子睡觉时因烦躁不安，面罩的氧气管脱落了。我急得大叫："护士！"护士闻声赶来，立即处理好了。

昨天看见一则消息，说治愈病人可以捐献血浆救人，好多人问我会不会捐献，这还用问吗？连我老婆这种从来不管闲事的人，昨天都特意告诉了我这个消息，要我去捐献血浆。

可是，我仍然是一个核酸检测阳性的病人，目前离达到出院标准还有一段时间……

2月15日 星期六 雪

中午时分得知，隔壁床的老爷子转到ICU之后没有扛住，还是走了。我想起昨天他转去ICU的时候，我给他拍了一张照片，发给他女儿，没有想到，这竟然是老人家在人世间留下的最后影像。还没从悲伤的情绪中缓解过来，护士突然跑进病房叫我："老万，能帮忙吗？"原来是另一间病房的一位老爷子出事了，只见他右手使劲搓着自己的后脑，头皮都搓红了，明显是后脑疼痛。我自己有高血压，我清楚，这是血压升高的症状。

护士又叫来了两个人帮忙，一起把他抬到了床上，迅速架上心电监护设备、吸氧、打通静脉通道、解开衣服测量血压，竟然高达207！随后医生进来做了诊断，需要马上送去做CT。临走时我大喊一声："老爷子，加油啊！"

我泪如雨下，我不是医生也不是护士，为什么让我在短短一个小时内连续看到这种场面。

我默默地回到房间，号啕大哭，护士小姐姐走过来拍拍我，安慰我。我说，没事，我很坚强，我绝不倒下，我必须安全出院而且昂首挺胸地自己走出去！我要告诉所有人，这个病毒是可以战胜的，我必胜，武汉人民必胜，中国人民必胜，没有什么困难可以打垮我们！

我狠狠地咬了一口馒头，接着又咬了一口。我要吃，只有吃好休息好才能打败病毒。

2月16日 星期天 多云

下午，医院的主任给我打电话，告诉我两个好消息：第一个是我昨天的核酸检测结果是阴性，明天会安排做第二次核酸检测；再一个是我的CT检查结果非常好，所有的感染基本上都已经吸收，健康了。

2月17日 星期一 小雨

早上5点半，我醒了，没有谁叫我，自己就醒了。因为我知道，护士们做核酸检测采样是这个时间。

等待了半个小时左右，门开了，两位护士走进来。她们笑着说："你等着我们呢，听说你已经有一次阴性了，看来马上就要出院喽。"

经历了20多天的生死搏斗，我终于要出院了。这两天，我想把病区的年轻人组织起来，安抚老人们的情绪。另外，我们也保持好病区的环境卫生，减轻护士的工作量。

2月18日 星期二 晴

今天是我来到火神山医院的第十五天，医生告诉我，后天就可以出院了，我心情挺激动的，护士来测血氧饱和度和心率的时候，心率都到100了，吓我一跳。护士也笑了，你激动个啥？

休息了一会儿，我又坐不住了，出门帮要下班的护士把垃圾收拾好，简单封口，然后拖到大门口。她们叫我一起合影，知道我快出院了，都挺依依不舍。

2月20日 星期四 晴

今天也是我在火神山医院的最后一天了，还有几个小时，我将出院回家，真的，太开心了。

一路走来，我觉得我们一家人只能用"幸运"两个字来形容。我，家里病得最严重的一个，我清楚地知道，如果不是经过系统的治疗，我早已不在这个世界上。所以，感恩所有的医护人员，感谢所有的朋友，就是我现在想表达的。

我的妈妈，一个72岁的老太太，同样发烧感染了，到医院确诊的时候双肺感染，病情严重，自己在家吃药治疗，却也神奇地逐步康复了。后期被送去酒店隔离，现在经过3次核酸检测结果都是阴性，肺部CT明显好转，目前医生已经出具解除隔离通知书，即将回家。

我的老婆，同样感染发烧，初期还得硬撑着照顾我这个重病号，还要防止孩子感染。但她后来也是自己吃药硬扛过来了，目前退烧多日，也在酒店隔离，第一次核酸检测阴性，正在等待后期的检查结果。

　　我最担心的孩子，更是神奇。家里三个大人都感染了，而孩子却神奇般地从未有过任何症状，目前和妈妈一起在酒店隔离，同样也是核酸检测阴性。

　　武汉，这个中国中部最大的城市，今年遭受了这样严重的伤害，但是我相信每个武汉人，都不会被打垮，一定会在全国人民的帮助下，勇敢地站起来，请放心！

　　这两天，我和很多医护人员一一告别，离开的时候，我很开心，但要告别救治我的医护人员，心里涌出伤感。在这里的半个月时间，经历了太多悲欢离合、生死一线，人会成长的，我成长了，我现在很坚强、很乐观、很努力、很感恩。我的英雄们，你们都要好好地保重自己，一个都不能出事，一个都不能少。因为我答应网友了，人是借的，要一个都不少地还回去。

灾难再大,大家搭把手,就都过去了

/

讲述人:张兵

/

张兵没想到,自己有一天居然会以病患代表的身份出现在天天收看的《焦点访谈》《朝闻天下》和《新闻联播》节目里。他相信"一个人可以撑起一片天,一颗心可以温暖一座城",在方舱医院中,他带动病友互帮互助,把点点烛光汇集成希望火炬。

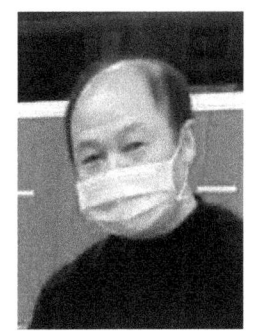

我叫张兵,属鼠的,今年 48 岁。我怎么也没想到,这个本命年会碰上这么大的一个"坎"。年前,老婆还说要给我买个红绳子辟邪,哪晓得,红绳子还没系到手上,"瘟神"就上了身。

病发,岳父母也被感染

我是一名交警,在洪山区交通大队负责信访接待部门工作,那是一个窗口单位,每天人来人往的,人与人接触特别密切。我们是 1 月 21

日才接到正式通知，上班要戴口罩。现在回想起来，很有可能是在那之前在接待当事人的时候被感染的。

1月24日过节放假，当时政府号召不串门，所以我就哪里都没有去，自己一家人过了个年。到了27日，我发烧了。当时我倒不慌，想到也有可能是一般的感冒，即便是"中招"，凭自己的身体素质应该也扛得过去，所以就自己吃了点退烧和治感冒的药，感觉好多了。

但是29日一大早，岳父母也相继出现了症状。这下我就有点怕了。我自己不要紧，但老人家年纪都大了，万一被我传染，再有个三长两短，那我的罪过就大了。

可以说，那段时间是我压力最大的时候。一方面自己在发烧，一方面担心两位老人的身体。当时我唯一能做的就是陪他们看病。到医院一去就是一天，还搞过两次通宵。没有办法，医院里的人太多了，而且每次都要挂号、缴费、拍片、检测、打针、再挂号……

辗转了好几家医院，我们3个人都拍了胸片和CT，3个人都是双肺感染。当时核酸检测还不普遍，后来在人民医院才做了检测。2月3日，两位老人先确诊了，阳性，而我第一次是阴性。2月4日又做了第二次核酸检测。2月5日，结果出来了，阳性，我也确诊了。

好在有一点，我所在的社区非常给力，跟他们报告了情况后，很快就将两位老人送进了定点医院，而且他们住院后病情都很稳定。这实在是解决了我最大的一块心病。2月6日通知我进武昌方舱医院时，心里基本上已经没有什么压力了。

高烧，两天下不了床

也许是少了压力，精神放松了，一进方舱医院我就发起高烧，最高时是39.8℃。整整两天，我几乎下不了床。对于新冠肺炎这个病，每个人的症状不一样。有人咳嗽；有人呕吐；我就是发烧，喉咙痛得像火烧，完全不想吃东西，也吃不下去。我原来是最喜欢吃香肠之类的腊制品，但在家里隔离那几天，却完全吃不下去，只能吃点青菜。到了方舱医院，要说这里的伙食还真不错，营养、味道都可以，但我还是吃不下去，整个咽喉就像被封住了，一吃东西就想吐。有几回，我真的是用手把嘴巴捂住，强迫自己把从胃里反上来的东西又压回去。吃药的时候，就像是喝了烈性酒，喉咙里那个难受啊，但还是强迫自己把药吞下去。

之所以非要强迫自己吃东西，就是为了增加身体的抵抗力。医生说这个病没有特效药。再说我是个警察，性格里也有点不信邪的因子。我怎么也不相信会被一场病打垮。我要跟它抗争到底。

我很感谢方舱医院里的医生和护士，虽然看不清他们的长相，但从声音和体形可以知道，他们大多都比较年轻。在我烧得最厉害的时候，是他们耐心地给我端饭送药，给我鼓劲。在各自的家庭里，他们也是儿子、女儿、丈夫、妻子……但在这里，他们冒着被感染的风险，来给我们做检查、做治疗。

恢复，我可以帮忙做点事

很幸运，经过两天的治疗，我的体温降下来了。到了2月9日，我就已经可以下床走动了。我相信，我挺过来了。

经过这场重生般的患病过程，我也想了很多，最大的感悟是要珍惜眼下，珍惜家人，珍惜身边的每一个人。所以，当我感觉身体完全能够自由活动时，我就想到不能整天躺在床上无所事事，我应该做点什么。最初我的想法很简单，就是帮医护人员从琐事中解放出来，让他们专心做自己的事，为大家提供更好的治疗。

刚进方舱医院的时候，从外面送进来的饭总是凉的。后来我发现，导致饭菜变凉的主要原因是，进出方舱医院有严格的限制。按流程，医护人员交班时间较长。他们又要忙治疗，又要负责病友吃喝拉撒等生活琐事，就算三头六臂也忙不过来。于是，我就主动找到医生，承担起搬运和分发盒饭的工作。很快，大家都吃上了热乎饭，解决了吃饭的大问题。方舱医院里的秩序逐渐恢复了正常，大家的情绪也慢慢稳定了下来。

有热饭吃了，新问题又来了。处理生活垃圾的环卫工人反映说，病友们的饭盒、水瓶、牛奶盒等一股脑地扔在垃圾桶里，给后期的垃圾处理带来了很大困难。我知道后，就邀了几位病友到堆垃圾的位置，把生活垃圾提前进行分类，减轻了环卫工人的工作强度。开始的几天，打开水的地方没有下水道，水溢出来只能泼在地上，导致最初几天病区内到处都是水渍，显得很不卫生。我看到后，就带着大家想办法，很快解决了下水问题，让病区的环境变得干净清洁……只要是大家需要，我又力所能及办得到的事，我都会去做。

在方舱医院的日子里，有时晚上休息我看手机，一天忙下来，步数基本在一万步以上。我的付出，病友们都看在眼里。后来方舱医院成立病友的临时党支部，大家都推选我当书记。当了这个书记，我觉得肩上的责任更大了。我自己首先应该发挥共产党员先锋模范作用，然后带动大家自我管理，互帮互助，携手渡过这个难关。就像那首《武汉伢》里唱的，大家都"搭把手，就过了"。

康复，想做方舱志愿者未获批准

一边忙碌为大家服务，一边恢复身体，很快半个月过去了。我的身体大有好转，核酸检测也呈阴性，我马上可以出院了。我想，下一步自己还应该再做点什么事，继续为抗击疫情做点贡献。

我在新闻中看到一位医生感染康复后马上重返一线工作，这给了我启示，萌生了以一名志愿者的身份留在方舱医院中继续服务的想法。因为我是康复者，体内已有抗体，不怕再感染。而且我在方舱医院里待了一段时间，比大多数人更了解情况。所以我留下来，比其他的志愿者更能发挥作用。

第一份请战书，方舱医院没有批准。出院那天我又递交了第二份请战书，还是没被批准。我很理解，也完全服从组织的安排。说心里话，留在方舱医院里我心甘情愿。能回家，我更开心，有谁不想回到自己的家呢？我老婆也从隔离点回来了，我掌勺，做了她最喜欢吃的小炒肉。说实话，方舱医院和隔离点的伙食都很不错，但最好吃的还是自己做的饭。那一刻，我们感到了从来没有过的幸福。

在我生病后，单位一直都很关心我。我在方舱医院里帮忙时，单位领导都很支持我。出舱的那一天，他们还亲自开车来接我，并嘱咐我在家好好休息，身体完全恢复了再返回工作岗位。在休息的这段时间里，我还想再做一件事，捐献血浆。因为我是康复者，我的血有可能救治更多病人。

我要跨过长江,去看除夕出生的儿子

/
讲述人:姚莉莉(化名)
/

因属疑似新冠肺炎患者,她于2020年1月24日除夕提前剖腹产,幸运的婴儿安然无恙,她却只能被隔离在长江的另一边治疗,出院后继续隔离。妈妈也是幸运的,她每天在视频中贪恋地看着宝贝,坚强地战胜了病毒。隔离期满后,她将第一次亲吻孩子的面庞。

新年,总会让人感觉预示着希望和喜悦。

没想到,我的2020年,是这样开头的。

但比起其他患上新冠肺炎的人来说,也许,我是不幸中少有的幸运者。

2011年,我18岁,第一次从安徽老家来到武汉上大学,留在了这个第二故乡。9年间的武汉变化大到说不完,我的变化是多了妻子、妈妈的身份。

2020年,我27岁,1月24日,也就是除夕,儿子提前被剖腹产出,因为他的妈妈属于疑似新冠肺炎患者。

我发烧了,妈妈在电话里说:"你个矫情妮子!"

我住在汉口杨汉湖片区,这里离华南海鲜市场只有几公里。

2019年9月开始，因为怀孕我开始在家休息。孩子的预产期是2月16日，待产的这段时间，给孩子准备的东西也差不多了，只等他的出生。

患病前，我从没去过华南海鲜市场，楼下的菜场也几乎不去，但1月13日，我去过附近的武汉市中心医院后湖院区产检。事后，我回想了很多次，可能是在产检时不小心感染的。那时，武汉人没有戴口罩的习惯，虽然是孕妇，我也没例外。

1月14日，老公陪我在小区里散步，那时，我感觉腰酸背痛，人也没力气，说不出地难受。老公说："你肯定发烧了！"我俩赶紧回家，一量体温，接近38℃。因为是孕妇，只能物理降温。老公用冰毛巾敷着我的额头，又张罗着去煮了红糖生姜水。

我们都猜想是普通发烧，心里盼望着："宝宝，保佑你妈，快点自己好起来。"

我还给老家的妈妈打了电话，她还笑话我说："这是孕晚期的正常反应，你个矫情妮子！我们那时候还能下地干活……"

第二天，我依然发烧，去医院后，医生列了几种药让我们去药店买。但是，连吃两天，还是高烧不退，我开始怕了。

1月18日，我们赶到协和医院。留在医院打针，对孕妇来说风险太高，医生建议我们去社区医院打针。输液两天后，咳嗽反倒越来越厉害了。

1月20日，老公带着我去协和医院打针，感觉到发热病人很多，我们开始有了一点危机感。戴着口罩去的医院，没想到，医生又给了我一个口罩，说："你是孕妇，要双层防护。"

长这么大，从没见过医院的大厅里有那么多患者，挂号、拿药、输液，任何一个步骤都要排上几小时的队。老公去排队，我就歪在椅子上休息，一等就是几小时。等候的时间伴随着剧烈的咳嗽，一咳嗽，我就努力抱着自己的肚子，想保护肚子里的那个"球"。

因为发高烧和停不下来的咳嗽，我几乎没法睡觉，特别困的时候，能睡一两个小时；人也没胃口，但为了孩子，我逼着自己尽量吃一点。

做完 CT，我捧着肚子一路小跑出来

从 1 月 18 日开始，我连续打了 5 天吊针，再没有好转，我和孩子都会很危险。

当时，只有一个心愿：住院。

1 月 22 日下午，感觉到不对劲的爸妈从安徽老家坐车赶来武汉。如果再晚一天，他们就会因为"封城"没法进来。

也是那天，在签下同意书后，我做了 CT 检查。从检查室出来，我捧着肚子一路小跑，就怕在里面多待一秒，会对孩子不好。

结果显示，肺部感染的情况比较严重，发热门诊的医生明显紧张了，马上安排留院观察。我当时居然有些开心："谢天谢地，有床位了！"能住进医院，我们就觉得有希望了。

刚办好住院手续没多久，一个女医生走到我的病床边，严肃地说："孩子和大人都很危险。"我愣住了，"发烧而已啊，吓唬人的吧？"

老公和婆婆在病房外和医生沟通了很久，突然，我听到老公的哭声。医生说，母亲肺部感染情况严重，孩子很可能受到影响。

我们全家都崩溃了。

已经 36 周了，这是我们的第一个孩子，如果说，怀孕是一关关打怪升级，我明明就要走到终点，马上就胜利了。

我委屈得号啕大哭。哭完过后，我还是怀着执念，只要能有一丁点希望，任何一位母亲都绝对不会放弃。

医生找到妇科专家会诊，他们商量后决定，孩子在肚子里一天，我就不能接受治疗，必须先做剖腹产，再给我进行新冠肺炎治疗。

所谓的"一丁点希望"出现了。

从那一刻开始，我准备着随时进行手术。

1月23日晚上，按照政策，我要被转到武汉市红十字会医院，但协和医院的专家们说，他们会去为我做手术。我们放心了。

除夕下午，得到通知，可以做手术了。虽然还在发烧，咳嗽也没停过，我反而兴奋起来了，人也精神多了。

傍晚6点多钟，开始做各种术前准备，插尿管、打麻药，我实在盼了太久，也因为烧得晕晕乎乎，几乎没什么痛感。

医生们全副武装，穿着隔离服，戴着防护口罩、护目镜。

我没忘记提请求，麻烦医生把伤口切小点。

手术中，我还是会不自觉地咳嗽；手术的后半程，又开始全身发抖。我尽全力去控制自己，想配合医生，但似乎没什么用。医生们一直安慰我说："快了，快了，我们一起加油！"

晚上7点50分，我家可乐出生了，6斤2两的男孩，这个小名早就取好了，因为老公特别喜欢喝可乐。

听到孩子有力的哭声，我心里只有一个想法，"安全了"。

老公后来告诉我，医生们走出产房，我们全家都给他们鞠躬，感谢他们的全力付出。

看到可乐的第一眼，是我被推出产房时，婆婆抱着孩子，远远地让我看，第一眼的印象是"脸挺白、眼睛黑、长得好看"。当天晚上，可乐被接回家了，我也要正式开始接受治疗了。

儿子做核酸检测的前一晚，我失眠了

术后的头两天，竟然神奇地不再咳嗽，我喜出望外："莫非生了个孩子，还能有这个好处？"

但是奇迹没发生，从第三天开始，我咳得像是要天崩地裂，随着一声声咳嗽，刀口开始撕裂般地疼。一旦平躺，就会停不下来地猛咳，只能让老公把床摇起来一些,我斜靠着休息。

因为才生完孩子,医生要求我定时左右翻身,可稍微挪一下,就感觉五脏六腑都要咳出来了。

动,还是不动?对我来说,怎么选都是痛。

这段时间特别难熬,我只能看看孩子的照片和视频,找找坚持的动力。老公跟婆婆说,多发些来,给我鼓鼓劲。

因为我的情况特殊,医院同意让老公和我住在一间病房陪护。除了吃饭,他一直戴着两层口罩,还开始吃一些有预防性质的药。家人、朋友和医护人员都说,他是拿命在陪我。

为了加强营养,每天由家人送饭,老公也会注意开窗通风,稍微闲下来,他就像有强迫症一样在病房里四处转悠,看看还能给哪里再消消毒。

家人担心着两头,一头是我,另一头是儿子。

虽然儿子在出生后没有发烧、咳嗽这类症状,但人生经不起那个"万一"。

出生一周后,家人把儿子带到医院做了核酸检测,结果显示正常。

从小到大,我的睡眠质量都特别好,但知道儿子要做核酸检测的前一晚,我彻夜失眠了。

直到检测结果出来,是阴性,我们才安心了。

要解决的,就剩我这头了。

我被通知换到另一个病房,1月31日,一个阿姨要住进来,老公必须回家了,那时,我也恢复到基本可以自由活动了。之后,老公还是坚持每天送饭到医院门口,拿饭时,我们会简单聊几句。

病区的刘晓丽医生每天会来查看伤口和子宫恢复情况,介绍一些产后知识,鼓励我继续加油。

熬到2月4日晚上才拔下留置针。那天夜里我睡得特别沉,好久没睡过这么香甜的觉了。

2月5日,我感觉整个人活过来了,也有力气了,还用抹布仔细擦了阿姨和我的床头柜以及卫生间台面。有力气干活真好。

两次核酸检测的结果都是阴性。2月8日元宵节，我出院了，医生们送来了祝福卡片和鲜花。真的非常感谢他们，让我们母子都能平平安安。

大家都说，我的两个大日子特别有意义，除夕这一天，是孩子出生；在象征团团圆圆的元宵节，我出院了。

回家那天，妈妈给我换了新被子，还把被子里外喷了消毒水，盖着一床湿乎乎的被子，心里很激动，躺在床上看着熟悉的房间想："我真的回家了！"

从小到大，我都是个特别心大的人，碰到再难的事都特别乐观。出院回家后，我和老公哭过一场，因为长时间输液治疗，手背又青又肿，痛得什么也干不了。

我出院后，儿子和奶奶住在武昌，我和爸妈、老公住在汉口。

每天，婆婆和我们连线视频，看着暖融融的太阳晒在儿子身上，我想，还能晒到太阳的我们是多么幸运。

他来到了人世，却还不知道，自己跨过的那道坎儿何其艰难。

哭过，绝望过，差一点就想放弃，可我们还是一步步走过来了。疫情结束的那天，我要跨过长江，去看、去抱、去亲我的儿子。

老婆，等你出院我们去看樱花

/

讲述人：朱攀

/

春节前，还没从妻子怀孕的喜讯中醒过来，年轻的夫妻俩就被一个天大的噩耗拖入"鬼门关"，他们双双被确诊感染新冠肺炎。从方舱医院治愈回家后，他给仍在医院治疗的妻子写了一封信。

春节前，老婆怀孕了，我们期盼已久的新生命正在孕育中。但喜悦并未持续太久，大年初一，老婆发烧了，我们夫妻俩被诊断出感染了新冠肺炎。

老婆住进武汉大学人民医院，我住进方舱医院，一家三口，两处分离。

春节在不安、慌乱中度过，但春天总会到来。那时，我们要带着尚在腹中的宝宝，一起去武汉大学看美丽如初的樱花。

悲喜交加的春节，收到核酸检测结果如晴天霹雳

我叫朱攀，今年27岁，是中铁武汉局供电段一名职工。春节前夕，老婆发现怀孕了，全家非常激动，因为这是我们的第二个孩子。2019

年，我们的第一个孩子在孕期检查时发现有胎儿脑积水，无奈做出决定，停止妊娠。我们失去了第一个宝宝。

1月25日，大年初一，我开车送老婆去汉西配电所上班。中午11点30分，老婆打电话给我，说非常不舒服。傍晚6点，我们去了武汉一六一医院。此时武汉一六一医院还没有核酸检测试纸。因为老婆是孕妇，不能做CT，只能查血、查体温等。医生开了连花清瘟胶囊等药物，无奈之下，我们回家了。夜里，老婆发烧38℃以上，全身酸痛无力。

1月27日，我们去了汉口医院。排队挂号时，遇到病友说，协和医院有核酸检测，每天100个名额。我们又赶去协和医院，老婆做了核酸检测。我在协和医院时，体温已到38℃，但我没有任何不舒服，可能心里牵挂着老婆孩子，自己没有感觉吧。医生给我开了一些常用药品。

48小时的等待，仿佛时间被按下了慢行键，真的好漫长。高烧中的我们已经不知道是几点钟，是白天还是黑夜。2月1日下午，我们收到核酸检测的电话和短信，确诊了。我看着短信，真的如晴天霹雳，感觉透不过气，好想打开窗户大喊一声：我的老婆，我的孩子，我该怎么办？而此刻的我，因为高烧无力，没有力气做饭，连白米粥都难以下咽。

因为我和老婆双双被感染，高烧无力，远在异地的双方父母也并不知道我们已经患病的消息。

虽然烧得厉害，但我冷静下来想，一定要先把老婆送进医院。

我都27岁了，有什么理由不坚强

老婆住进武汉大学人民医院后，我一人在家，期间高烧39℃。2月7日，社区安排我住进江汉方舱医院。

住进方舱医院时，我全身酸痛无力，胸闷，整个人昏昏沉沉。唯一记得，我的床号是3118。刚住进去时，是一名来自内蒙古医疗队的护士帮我铺的床和电热毯。住下后，我一直挂氧气到第二天。虽然伙食真的很好，但是怎么都吃不进去。我一度高烧到39.5℃。

住院期间，医生每日测体温、血氧饱和度各3次，查房询问病情，根据病症开药。除了西药，每天早晚两包中药。

方舱医院每天会播放广播，播报各类信息、意见、建议、解答，内容丰富，比如告诉大家医生地址、专家电话，哪些药效果好，心理治疗法，以及李兰娟医生团队的研究进度等等。医生护士还和大家一起做广播操、跳广场舞、打太极。我在方舱医院广播中听到："信心比金子重要。"也许就是这句话，给了我最大的信心战胜病魔。

"你们心情不好，我能理解，但是我们必须心往一处想，劲儿往一处使……"医生穿着厚厚的防护服，戴着防护帽、防护镜，每说一句话都要用很大的力气喊出来，才能让病区更多的患者听到。每次医生说完后，在场的患者齐声大喊"好"，有的人还鼓起掌来。虽然看不清他们的脸，但那些加油鼓励的声音，我可能一辈子都忘不了。

躺在病床上，坚持不下去的时候，我会抬头看看电视机上一直在直播的"云守护武汉监护室里14天大的石榴宝宝"。作为一个男人，我不该流泪。但是我的心却那么疼，眼泪擦了一把又一把。14天的小宝宝都在坚持，我一个27岁的男人有什么理由不坚持下来。更何况，我已经是一个父亲，我要给妻子和肚子里的孩子做一个好榜样。我一定要坚持下来！

在方舱医院的第四天，我的病情开始逐渐好转，能吃能喝。2月14日，做了第一次核酸检测，结果阴性，振奋人心，我马上告诉家人。2月16日，做了第二次检测，查血。2月17日，做了肺部CT。结果第二次也是阴性，血指标也很好，不过肺部CT还有纤维缩影。经询问医生，我符合出院标准。

2月18日，我出院了，那天武汉的天空是那么美！

等着你，一起再去武汉大学看樱花

老婆还在医院坚持治疗，我给她写了封信，让她一定要坚持下去，一定会好起来！

亲爱的老婆：

当你看到这封信时，你还在医院的病床上忍受着冠状病毒的折磨。我虽然回家了，但我的心每时每刻都和你、孩子在一起！

我希望你一定要坚持：第一，心疗——信心；第二，食疗——多吃多喝；第三，药疗——吃药。因为我就是这样挺过来的！

老婆，你真的很不容易，我们已经失去了第一个孩子，现在第二个孩子才孕8周多，却还要和你一起承受这么大的痛苦！我想哭，我作为丈夫、父亲，却束手无策。坚信"信心比金子重要"！配合医生、护士，好好治疗。为了孩子，为了我，老婆，加油！等病好了，我还要带你再去武汉大学看美丽的樱花！

老婆，我等你回家！

爱你的朱攀

不久，老婆给我回信了。

亲爱的老公：

看到你的信好感动，好亲切，又好陌生。感动的是，原来你那么在意我，在意孩子，信中充满了暖暖的爱意；亲切的是，这就是我认识的朱攀啊，积极向上，充满力量，不管在家里还是在面对这次新冠肺炎，你一直都是我心里的那片天空，温暖着我们的家；陌生的是，从来没有想过，有一天，我们在同一个城市的天空下，竟然用写信的方式鼓励对方。

　　写着回信，我突然眼眶溢满泪水。我是多么珍惜我们的孩子，每天我都积极配合医生治疗，我想早点好起来，用一个健康的身体来支持孩子的生长。为母则刚，也许就是这样的感觉吧。医生们都很辛苦，24小时给我们治疗，我坚信我一定可以好起来，早日回到家里去和你团聚。

　　你一个人在家，要好好照顾自己，好好吃饭，好好睡觉。昨晚做梦了，梦到武汉大学的樱花都开放了，好浪漫，你牵着我的手，又找到了谈恋爱时的感觉。梦醒后，我想这一天应该不远了。窗外的夕阳好美，想你，想家。

爱你的老婆

陌上花开，可缓缓归矣

/

讲述人：武燕

/

武燕是一名36岁的军嫂，病情最严重时打过退堂鼓，做过最坏打算，把铮铮铁汉般的丈夫气哭，因而深深理解每个患者背后，都有亲人揪心的期盼和望眼欲穿的等候。

2020年1月19日，毫无征兆地头痛欲裂、喉咙痒，我想，可能是得了流感。担心会传染给孩子，我按照网络医生的建议，把自己隔离在卧室里休息。

先生是现役军人，西北大汉，我的生病，一下子让他从威武霸气的解放军，变成了做饭拖地带娃的奶爸。

1月31日早上，先生对我说："你还是去医院检查一下，不能只咨询网络医生，也不能光凭自己的判断和感觉，不然我天天担心得睡不着觉。"

在发热门诊很快就做完了几项检查，医生说双肺下叶已轻微感染，不排除病毒性肺炎。我有点失落，发微信告诉了先生和朋友我的检查结果和医生建议。经过商量，还是让朋友送我回了家，自己隔离观察。

确诊后，丈夫偷偷跟着送我进隔离病区

2月8日，医生建议我再到医院复查一下。CT检查显示肺部病灶发展了，已经感染到右肺中叶。不知道怎么回事儿，我反倒淡定得很。告诉先生后，他一下子紧张了起来，但还是镇定地安慰我："别怕。"

2月9日一早，先生打电话给我："你收拾一下大概可以用到10天的物品，送你去住院。"

我默默挂了电话，在床上呆呆坐着，大脑一片空白。我明白核酸检测结果肯定是阳性了。

只觉得心里一片沉静，像水流入了更深的海底，我想象不出这次去医院会有什么样的结果，茫然，但没有恐惧。

趁先生还未回来，我戴着口罩把自己住的房间、卫生间迅速收拾好并消了毒，之后又把我去过的客厅、厨房、院子都消毒一遍，高温清洗了我用过的床单、被罩等物品，还把我用过的碗、筷、盘子全塞进了消毒柜进行消毒。做完这一切，我才觉得放心了一些。

去医院的路上没敢说一句话，我怕我一说话，病毒就会跑出来。到了中部战区总医院，进大门时，保安又给车子和我们全身上下细致认真地消毒一遍。

下车后，我始终和先生保持着几米的距离，内心茫然，但情绪很平和。

办完住院手续，先生非要送我去隔离病区，我知道定点医院接收的都是较重症患者，是非常危险的地方，就极力制止他送我。我倔强地拿起行李，转身沿着专用通道就走。

走出20米左右，回头一看，先生在几米外正蹑手蹑脚默默地跟在我身后。他嘿嘿一笑，说："还是不放心你，我就跟着，远远看着你上楼就行了。"

铮铮铁汉被我气哭,"如果可以,我愿意替你生病"

生病以来,我虽然偶尔会产生恐惧和烦躁,但也总能在先生的安慰声中平静下来。

我给先生发了一个信息,列出家里所有的保单、理财账户密码、银行卡密码、支付宝密码等等。

我把这个西北大汉给气哭了。他打电话过来,带着哭腔噼里啪啦地把我教育了一顿。

过了一会儿,先生又给我发来一段话:"对不起,我刚才不该训你。你不要再说胡话了啊,你生病了,我心里比你更难受更着急,每晚失眠。如果可以,我愿意替你生病。我是个粗人,但今天看到一句诗词,正好表达了我的心声,送给你——陌上花开,可缓缓归矣。"

我是学汉语言文学的,我知道这句诗词背后所表达的情义。先生的家是陕西农村的,少年入伍,20多年的部队生活早已把他锻炼成为一位坚韧刚强、正直忠诚的铮铮铁汉。

结婚12年来,我只见到他流过两次眼泪。第一次是在孩子小时候,关车门不小心夹肿了手指,疼得号啕大哭,先生心疼得手足无措,一边帮孩子止疼消肿,一边不停地擦眼泪。第二次流泪就是我发给他那些账户密码时,他紧张、恐惧,自责没有照顾好我,又气我的轻易放弃。

我只是觉得在面对生命危险时,能够用坦然和接纳的心态去看待,少了些恐惧和紧张,人就会渐渐趋于平和淡定,能够更理性更冷静地去面对疾病。

我怎么可能轻易放弃呢?我有深深爱着我的家人,有待我如亲生女儿的婆家,有喜欢我的朋友,有那么多我深深爱着的亲朋。

医护人员那么辛苦，我不忍按铃

2月12日，又拍了CT，病灶没有再发展，但出现了很多淋巴结节，肝脏也显示不正常了。

我常想，这个病毒最残忍和恶毒的地方，就是当病人最需要家人陪伴、拥抱和鼓励的时候，却只能一个人孤孤单单地去扛着，独自流泪度过恐惧和漫长的时光。即使在经历最凶险的几个病情阶段时，也只能告诉自己：要挺住，不能倒下，亲人还在等着我。

生病后，我没敢告诉父母和亲朋，怕他们担心。我已经很多天没有给妈妈打过电话或视频聊天了，连语音都不敢留。即使妈妈发来视频邀请，我通常都找个理由拒绝，只发文字，因为说话会气喘咳嗽，很难完整地说一句话。

这次生病，使我深感医生这个职业的伟大。他们脱去防护服，也只是和我年龄相仿的"80后""90后"；他们也是孩子的爸爸妈妈，或是爸爸妈妈的孩子；哪有什么超人和钢铁战士，他们也是要用自己的血肉之躯挡在危险面前救治我们，陪我们一起战胜病毒；他们也可能会感染，也可能会生病，甚至可能会死亡，但是穿上白大褂，他们就有了使命和责任。

他们为了节省防护服，白天只吃一顿饭，不喝水，不上厕所，很多医护人员都垫着尿不湿。每天连续工作6个小时以上，一刻都不能休息。量体温、测血氧饱和度、量血压都还只是平常，由于患者需要隔离不能出病房门，护士还要帮患者送饭、打开水、买生活用品……

定点医院里基本上都是重症患者，很多患者躺在病床上不能动，护士还要帮他们吸痰、倒小便盆、洗脸、擦手、喂饭……

看着她们这么辛苦，我很少按呼叫铃，能自己做的事儿都尽力自己做。我学会了房间消毒程序、自己插氧气管等等，这样可以减少一点她们的工作量。

尽管穿着防护服很不方便，但医护人员走路都非常快，很远就能听到他们在楼道里来来回回走路发出的"哗啦哗啦"的声音，这是走路时防护服发出的摩擦声。

查房时，会看到他们防护服里汗湿的头发；他们弯腰时，汗水有时会顺着口罩边缘流下来滴到地上。

我真心觉得，医生这个职业绝对可以用伟大来形容。这个职业需要有高尚的情怀和救死扶伤的精神去支撑。

等康复了，我想捐献血浆救他人

2月14日，我等来了好消息，核酸检测第一次转阴性。

再坚持一下，如果肺部炎症吸收，血象正常，症状消失，核酸二次检测仍为阴性，我就可以出院回家了。

2月16日，我等来了好消息，第二次核酸检测阴性，CT结果显示病灶未发展，其中右肺中叶略吸收。这是这么多天来，最振奋人心的消息。

万幸的是，孩子已安全度过了20多天的隔离期，先生经CT检查身体安好无恙，这是我最欣慰和最开心的事。

我的很多同学、同事、朋友以及先生的战友，给我带来了温馨的问候和温暖的祝福，心里满满的感动。

先生每天尽心尽力当好奶爸的同时，经常和我视频聊天，给我鼓励，哄我开心。

这些温暖带给我的能量，让我有足够的力量和信心去战胜病毒。

看到新闻上说，新冠肺炎康复者的血浆有抗体，对重症患者有效果，呼吁康复者捐献血浆。

我立马就做好了心理准备，虽然我现在很虚弱，等我康复后，只要符合献血条件，一定去捐献血浆，能救一个是一个，因为每个患者的背后，都有亲人揪心的期盼和望眼欲穿的等候。

陌上花开，可缓缓归矣。
难为粗犷的先生能记住这样温情脉脉、意境优美的诗词。
武汉，这座美丽的城市，在全国人民的帮助、关爱和祝福下，春暖花开的季节就快来了。

想看看"90后"男护士的真颜，
带他去吃一碗热干面

/
讲述人：匡汉珍
/

夫妻双双感染新冠病毒，留下儿子独自一人在家中，住进方舱医院后的匡汉珍心情郁结，直到遇见来自内蒙古锡林郭勒盟的"90后"男护士于成。他的温暖和细心不仅解开了她的心结，也让很多"舱友"念念不忘。

我叫匡汉珍，老公是华南海鲜市场的监督管理员，他感染新冠病毒后，我也感染了。2020年2月7日下午6点，我们都住进了江汉方舱医院。

我是个急脾气，感染患病让我急，老公病情不见好转让我急，儿子独自在家让我急，住进方舱医院后遇到问题更让我急。委屈、烦躁、焦虑……这些让我急上加急。但是一位"90后"男护士让我的心情平复下来。

住进方舱医院仍烦闷，暖心男护士解开我的心结

刚住进方舱医院时，我的心情很焦虑。病区里有一位和我同名的病友,不知道是哪个环节出了问题,两个"汉珍"的信息被弄混了。信息一错,病情进展、核酸检测结果等一系列的问题就层出不穷。患病,本来就让我够烦躁的了,再加上信息错误,我这急脾气就忍不住了。

这时候,一位护士出现了,他耐心地问我:"大姐,怎么回事啊?有什么情况你慢慢跟我说,你先坐下来,别着急。"穿着防护服,也看不清他长什么样,听声音,是一名男护士。我跟他说我的委屈,他听得很仔细,一边听一边记下来,后来又为我住院信息的事情跑了一趟又一趟。我的委屈,开始慢慢化解。

可住在方舱医院的日子,我的精神压力仍然非常大。儿子一个人在家接近一个月了,我担心得不得了;老公病情不见好转,我又不敢把情况透露给儿子。这位男护士似乎都看在了眼里,时不时过来跟我聊天:"大姐,武汉有什么好吃的呀?给我介绍介绍呗!""大姐,我给你说啊,我们那儿是内蒙古大草原,好吃的也很多……""大姐,武汉有啥好玩的啊?你作为本地人跟我推荐推荐呗……"每次他一询问,我的话匣子就打开了,说着武汉的吃喝玩乐,好像心情就不再那么焦虑了。原来,他是在转移我的注意力。

他常走过来询问我的孩子和老公的情况,让我给老公打电话,还接过电话跟我老公聊天,说说我的情况,再问问我老公的情况。得知我老公是一个大胖子,就在电话里对他说:"你这样不行,听我的,赶快动起来,把抖音打开,跟着上面做最简单的运动,这样对病情有利。"老公也在他的影响下,做起了一些简单的运动。男护士还跟我儿子通话:"你妈妈,就放心地交给我吧!"

他也是父母膝下的孩子啊

有一次看到别人发朋友圈,在吃水果和零食,我就跟病友说:"好想跟别人一样,在家吃水果,喝酸奶啊!"不一会儿,男护士就给我们送来了优酸乳。我喝着喝着,眼睛就湿了,自己也是妈妈,也有儿子,而别人的儿子在这里为了我们拼尽全力地救治,他的妈妈该多么心疼儿子啊。我仔细看了看,他的防护服背面写着几个字:"内蒙古、锡林郭勒盟、于成"。

有一天早晨我忍不住问:"于成啊,你这大老远的从草原来到武汉支援,爸妈担心吗?"于成笑笑说:"刚开始瞒着爸妈呢,跟他们说在单位值班,一段时间不在家。后来瞒不住了,爸妈知道了,妈妈在电话那头怪我:'孩子,你咋没跟我们说呀,我和你爸送送你也好呀。孩子,去了就好好干,我和你爸支持你!'"是啊,他也是父母眼中的孩子啊!

住院的日子里朝夕相伴,我对于成有了更多的了解,1990年出生的他,今年30岁。这次疫情结束后回家,他就要结婚啦。

想看看他的真颜,带他去武汉的街头走走

很多病友出院后,都想好好谢谢于成。一对受过他精心照顾的夫妻给他写了一封信。这封信,也好似我的心声。

于成:

你怀着大爱之心,从内蒙古奔赴武汉战疫前线,一拨儿又一拨儿患者来到方舱医院,你总是热情接待,引领到指定床位,并详细准确地建立个人档案。

我是约22时到方舱医院的,是你为我做的安排,定床位,建个人档案,交代注意事项等,一气呵成。简简单单几件事,打消了我心中的疑虑和困惑,让我沉沉地睡了一个踏实觉。在相处的日子里,你总是问寒问暖,每一件事都认真对待。一天N遍监测患者体温、血氧饱和度、心律,从不马虎,并完善档案资料;短时间内,你把患者资料都

"输入"你的大脑。同舱的病友都为你点赞，你有爱心，急病人之所急，谁缺药了，你能第一时间把药送到患者床边。谁该抽血了，谁该做CT了，你都计划周详，有条不紊。

我是一名冠心病患者，最担心断药，最害怕发烧，一有不适疑心重。你给予了更多的呵护，保证了用药，还专门科普防控常识，进行心理辅导等，我一天天好起来，离不开你的护理。

在相处的日子里，你和你的同事用真情、用大爱、用高超的业务技术，为我们治病。我看到了"一针见血"的抽血技术，掌握了八段锦操的动作要领，见证了从方舱医院里走出去的一个个治愈者……

在相处的日子里，我深深体会到"一方有难，八方支援"的祖国大家庭的温暖，我领略了你义无反顾奔赴重灾区的大无畏精神，我感受到你兄弟般的友情，我看到你高尚的职业情操。是你建立了这个康复群，这里人气旺，聊得火，悄悄把爱延伸……

患者：夏庆

病友间建立的微信群里，每天都有人在讲着男护士于成的故事。

高大哥说："于成是一个帅小伙，心细、耐心，不厌其烦地帮我们耐心解答各种疑问，关心我们的生活，鼓励我们要有信心战胜疾病，我病情逐步恢复，顺利出院了。感谢于成及所有的医护人员，你们辛苦了！"

怡女士说："于成，他心里装着病人，病人的事就是他的事，跑前跑后，为病人排忧解难。好想看看这个小伙子的真颜！"

病情好转了，我出院了，最感恩的就是这名男护士于成以及他身后内蒙古锡林郭勒盟医疗队的所有医护人员。待春暖花开的那一天，我好想摘下你的防护面具，带着你一起去武汉的街头走一走，尝一尝那口"热干面配蛋酒"。

编后记

截至 2020 年 3 月 8 日，全国 31 个省区市累计报告确诊新冠肺炎病例 80735 例，累计治愈出院病例 58600 例；全国除湖北外所有省区市本土新增确诊病例归零，湖北除武汉外新增确诊病例归零。

武汉也出现趋缓向好势头。3 月 3 日，全市现有累计治愈出院病例首次超过现有确诊病例；3 月 4 日，每日新增确诊病例从顶峰时的万余例下降至 131 例；3 月 6 日，新增确诊病例自 2 月以来首次下降到两位数；3 月 8 日，新增确诊病例已经下降到 36 例。定点医院、方舱医院、隔离点等三类地点都实现了从"人等床"变为"床等人"。多家方舱医院实现休舱。越来越多的治愈者走出医院，回到家中。

自 1 月 23 日武汉暂时关闭离汉通道、暂停市内公共交通，进入"战时"状态以来，有关新冠肺炎疫情数字的变化一直牵动着武汉人乃至全国人的心绪。因为数字的背后，是一个个同胞、一个个家庭。

疾病，让武汉陷入无比艰难的战疫之中。而生命之光，刺破黑暗与悲情，让武汉看到了希望。

暴风中心的人们，比任何时候都更加坚韧，101 岁的周老先生治愈出院了，不久就能回家与老伴儿团聚；98 岁的老人时荣与她 79 岁的女儿、46岁的外孙女一起治愈出院了。

饱受疾病之苦的人们,始终守望相助。治愈出院的患者邵胜强,成为朋友圈中的新冠肺炎"义务咨询师";方舱中的患者张兵,自发组建临时党支部、组织起志愿者队伍;更多的治愈者,撸起袖子为病友们献血。

不幸感染的医护人员,仍不忘履行守护的职责。金银潭医院副院长黄朝林用6种身份与病毒斗争;武汉市第六医院呼吸与重症医学科主任李承红,在感染后的隔离中写下万字经验;武汉市第八医院呼吸科主任王菁,感染后隔着门板指挥战疫。治愈后的医护们,纷纷重返岗位。

这些勇敢坚守阵地的天使,也成为患者力量的源泉。9岁女孩雯雯出院时,对赶来为她送行的医护人员说道"我替武汉谢谢你们";48岁的患者匡汉珍和病友们,对"90后"男护士于成的温暖细心念念不忘。

更多的人们,被爱情、亲情治愈着。27岁的朱攀,出院后写信给仍在治疗中的孕妻,许诺一起去看樱花;27岁的妈妈,治愈后跨过长江,终于能抱抱一出生就被隔离的儿子。

爱、责任、勇气、信念、守护、感恩……这些最朴素的生命之光,没有被疾病击垮,反而磨砺出更清澈的光芒。

经过近50天的艰难战疫,全国数百支医疗队、数万医护人员驰援武汉,无数志愿者奔忙在街头巷尾,无数保障者维持着城市的运转,千万武汉人"宅"在家中守着健康之门……

就在前几天,一张温暖人心的照片被刷屏:一位"90后"上海援汉医生和一位87岁老年患者,他们一个身着防护服,一个躺在病床上,一同静静看着夕阳西下的金色余晖。

放眼野外,3月的早樱已经在枝头绽放,春暖花开的日子不会遥远,人们期盼着在无忧无虑的明媚春光里再次欢聚。

本书在编辑过程中,得到长江日报社的大力支持。方厉娇、王谦、李艳芳、严钰、吴秋娜、田巧萍、伍伟、刘璇、陈馨、万勤、周璐、夏奕、李芳、韩玮、李小娟、黄丽娟、刘晨玮、陈静茹、汪洋、张琳等记者深入一线采写了稿件。摄影记者陈卓、李子云、刘兵拍摄了部分图片。刘新天、韩玉晔、万旭明、冯爱华承担了稿件的后期编辑工作。此外，我们征得报社同意，以"长报君"作为本书创作集体的共同署名。在此一并致谢！

编者

2020 年 3 月 9 日